VOL.5

Dados Internacionais de Catalogação na Publicação (CIP)
(Câmara Brasileira do Livro, SP, Brasil)

R267m
Rego, Francisco Gaudêncio Torquato do, 1945-
    Marketing político e governamental: um roteiro para campanhas políticas e estratégias de comunicação / Francisco Gaudêncio Torquato do Rego. - São Paulo: Summus, 1985. (Novas buscas em comunicação; 5)

Bibliografia.
ISBN 85-323-0229-7

1. Campanha eleitoral 2. Comunicação na administração pública 3. Mercadologia I. Título II. Título: Um roteiro para campanhas políticas e estratégias de comunicação.

85-0598

CDD-329.01
-658.80935

Índices para catálogo sistemático:
1. Campanhas políticas : "Marketing" : Ciência política   392.01
2. "Marketing" : Campanhas políticas : Ciência política   329.01
3. "Marketing" governamental   658.80935

Compre em lugar de fotocopiar.
Cada real que você dá por um livro recompensa seus autores
e os convida a produzir mais sobre o tema;
incentiva seus editores a encomendar, traduzir e publicar
outras obras sobre o assunto;
e paga aos livreiros por estocar e levar até você livros
para a sua informação e o seu entretenimento.
Cada real que você dá pela fotocópia não autorizada de um livro
financia o crime
e ajuda a matar a produção intelectual de seu país.

Marketing político e governamental

Um roteiro para campanhas políticas e estratégias de comunicação

Francisco Gaudêncio Torquato do Rego

summus editorial

MARKETING POLÍTICO E GOVERNAMENTAL
Um roteiro para campanhas políticas e estratégias de comunicação
Copyright© 1985 by Francisco Gaudêncio Torquato do Rego
Direitos desta edição reservados por Summus Editorial

Capa: **Roberto Strauss**
Impressão: **Sumago Gráfica Editorial Ltda.**

Summus Editorial
Departamento editorial:
Rua Itapicuru, 613 – 7º andar
05006-000 – São Paulo – SP
Fone: (11) 3872-3322
Fax: (11) 3872-7476
http://www.summus.com.br
e-mail: summus@summus.com.br

Atendimento ao consumidor:
Summus Editorial
Fone: (11) 3865-9890

Vendas por atacado:
Fone: (11) 3873-8638
Fax: (11) 3873-7085
e-mail: vendas@summus.com.br

Impresso no Brasil

NOVAS BUSCAS EM COMUNICAÇÃO

O extraordinário progresso experimentado pelas técnicas de comunicação de 1970 para cá, representa para a Humanidade uma conquista e um desafio. Conquista, na medida em que propicia possibilidades de difusão de conhecimentos e de informações numa escala antes inimaginável. Desafio, na medida em que o avanço tecnológico impõe uma séria revisão e reestruturação dos pressupostos teóricos de tudo que se entende por comunicação.

Em outras palavras, não basta o progresso das telecomunicações, o emprego de métodos ultra-sofisticados de armazenagem e reprodução de conhecimentos. É preciso repensar cada setor, cada modalidade, mas analisando e potencializando a comunicação como um processo total. E, em tudo, a dicotomia teoria e prática está presente. Impossível analisar, avançar, aproveitar as tecnologias, os recursos, sem levar em conta sua ética, sua operacionalidade, o benefício para todas as pessoas em todos os setores profissionais. E, também, o benefício na própria vida doméstica e no lazer.

O jornalismo, o rádio, a televisão, as relações públicas, o cinema, a edição — enfim, todas e cada uma das modalidades de comunicação —, estão a exigir instrumentos teóricos e práticos, consolidados neste velho e sempre novo recurso que é o livro, para que se possa chegar a um consenso, ou, pelo menos, para se ter uma base sobre a qual discutir, firmar ou rever conceitos. *Novas Buscas em Comunicação* visa trazer para o público — que já se habituou a ver na Summus uma editora de renovação, de formação e de debate — textos sobre todos os campos da Comunicação, para que o leitor ainda no curso universitário, o profissional que já passou pela Faculdade e o público em geral possam ter balizas para debate, aprimoramento profissional e, sobretudo, informação.

"A fim de ser bem-sucedida em política, uma pessoa deve ter suficiente habilidade interpessoal para estabelecer relações efetivas com outras e não deve deixar-se consumir por impulsos de poder, a ponto de perder o contato com a realidade. A pessoa possuída por um ardente e incontrolável desejo de poder afastará, constantemente, os que a apóiam, tornando, assim, impossível a conquista do poder."

Robert Lane, in *Political Life*.

ÍNDICE

Prefácio 9

I Parte
O ABC DO MARKETING POLÍTICO 11

II Parte
MARKETING PARA O INTERIOR DO PAÍS ... 27

III Parte
MARKETING GOVERNAMENTAL
Conceitos, estratégias e estrutura de comunicação ... 41

IV Parte
GLOSSÁRIO 61

Bibliografia 81
O Autor 83

PREFÁCIO

A prática política, no Brasil, a par das qualidades inatas, da experiência e da habilidade dos seus agentes, tende a incorporar as vantagens das técnicas e dos processos reconhecidamente eficazes nos países desenvolvidos. Isso não significa que a política brasileira, de repente, passe a substituir seus métodos tradicionais, desenvolvidos ao sabor das culturas regionais, por técnicas importadas. Mas o que se observa é um processo de absorção de conhecimentos da área de *marketing* pela política, que tem, como fundamentação, a competição acirrada entre candidatos, a urbanização das cidades, a influência dos meios de comunicação, a abertura política, a pressão dos grupos organizados, a industrialização e a diminuição do poder dos "coronéis" da política interiorana.

Foi pensando em ajustar as técnicas do *marketing* para o campo da política que organizamos esse trabalho. Como se perceberá, não se trata de obra de cunho sociológico, mas de uma coletânea de pequenas lições e conselhos, fundamentados, de um lado, nos princípios do *marketing* e, de outro, em valores culturais que impregnam a realidade política, principalmente no Interior do País.

A correta interpretação e o adequado uso das propostas, aqui apresentadas, certamente ajudarão candidatos a perseguirem com mais eficiência seus objetivos e melhorarão o desempenho de políticos de todos os níveis e regiões.

Optamos por uma forma didática de apresentação, iniciando com regras gerais para o planejamento de campanhas políticas, desenvolvendo, em seqüência, estratégias e propostas mais orientadas para o Interior, onde as peculiaridades e a cultura rústica local exigem adequação de conceitos. A terceira parte é dedicada a uma visão da comunicação governamental. Propomos, fundamentalmente, uma estrutura e uma estratégia para a comunicação governamental, mais abertas, profissionais e condizentes com uma sociedade que quer se fazer participante. A última parte contém um glossário com as palavras-chave do *marketing* político.

São Paulo, março de 1985

Gaudêncio Torquato

I PARTE

O A B C DO MARKETING POLÍTICO

A tarefa principal de um político é atender às necessidades de seus eleitores, de acordo com a plataforma de seu Partido e os anseios gerais da sociedade. Donde se conclui que a política está intrinsecamente relacionada à promoção de interesses e valores. Ou, em outros termos, a política está orientada para a expectativa de recompensas. Como ensina Karl Deutsch, em *Política e Governo,* a política aloca valores. Nesse sentido, define-se política como o processo pelo qual os valores — coisas ou relações que as pessoas gostariam de ter ou usufruir — são alocados, de um modo imperativo, mas legítimo. No conceito de política, entram muitos valores, como *justiça, retidão, poder,* busca de estabilidade, estudo da mudança, crescimento, progresso, desenvolvimento.

O que é necessário para a prática política? Harold Lasswell, em seu clássico *A Linguagem da Política,* apresenta oito valores básicos para que uma pessoa ou um político possa se sentir bem em suas atividades: poder, esclarecimento, riqueza, bem-estar (ou saúde), habilidade, afeição, retidão e respeito. E legitimidade.

O conceito de legitimidade é fundamental para a prática da política. Por legitimidade, deve-se compreender o processo pelo qual os eleitores ou os governados consideram os valores políticos compatíveis com seus valores. Mas, para chegar à legitimidade na política, o interessado deve percorrer uma extensa rota. Trata-se do caminho para chegar a posição de mando e conquista. O *marketing* político, entendido como o esforço planejado para se cultivar a atenção, o interesse e a preferência de um mercado de eleitores, é o caminho indicado e seguro para o sucesso de quem deseja entrar na política.

A utilização das técnicas do *marketing* na política é decorrência da própria evolução social. O conflito de interesses, as pressões sociais, a quantidade de candidatos, a segmentação de mercado, as exigências de novos grupamentos de eleitores, o fortalecimento dos grupos de pressão, a competição desmesurada, a decadência da sociedade coronelista no País, a urbanização, a industrialização, os novos valores ditados pela indústria cultural e o crescimento vegetativo da população constituem, entre outros, os elementos determinantes da necessidade de utilização dos princípios do *marketing* aplicados à política.

A política tende a receber, no Brasil, tratamento cada vez mais profissional. Os tempos de mudança e as crescentes exigências sociais não mais aceitam improvisações. O *marketing* político, portanto, está fadado a instalar-se definitivamente no País.

Como forma de ajudar as Agências de Publicidade, Assessorias de Imprensa, de Relações Públicas, assessores parlamentares, estrategistas em geral e, evidentemente, os candidatos, para as acirradas e sofisticadas batalhas políticas que se travarão, apresentamos um roteiro de trabalho, que julgamos de muita utilidade. Ele contém lições, instruções e reflexões que, dependendo do uso adequado, poderão influir para o sucesso de um programa que, fatalmente, conduzirá os candidatos à prática política. Para facilitar a captação e a retenção do conteúdo, utilizamos a forma didática do abecedário.

A — *Escolher uma estratégia de* marketing *adequada*

Existem três alternativas estratégicas: o *marketing* não diferenciado, o *marketing* diferenciado e o *marketing* concentrado. A primeira serve para o político projetar sua mensagem de maneira massiva, dirigindo-se a todos, indistintamente. Muito inadequada em alguns Estados onde a polarização política é forte, com segmentos exigindo atenções e tratamento dirigido. A segunda é apropriada para o político planejar sua campanha com mensagens aos diversos segmentos de eleitores. Com isso, ele visa a atingir impacto em grupamentos diferenciados. Há, nesse caso, certo perigo de "canibalização" de mensagens, com determinados programas eclipsando outros, principalmente se os segmentos eleitorais estão próximos. A terceira alternativa é adequada para se trabalhar especificamente determinada faixa de eleitores, concentrando-se a força da campanha numa única fatia de mercado.

A escolha do tipo de *marketing* dependerá, ainda, dos recursos do candidato, da homogeneidade dos segmentos, da força dos concorrentes e do conhecimento que o eleitor possui do candidato. Assim, se o eleitor é cativo, o candidato pode, por exemplo, desenvolver estratégias conjuntas, visando a atrair novas correntes.

B — *Definir os segmentos-alvo e periféricos de eleitores*

Definir os segmentos de mercado é tarefa importante. A localização geográfica se completa com a identificação dos comportamentos do eleitor-alvo. O conhecimento do eleitor ensejará tópicos para ajuste de programas e mensagens. O psicograma dos eleitores, tarefa ainda pouco desenvolvida no Brasil, é efetuado por pesquisas entre amostras de eleitores-alvo. Nas pequenas capitais e no Interior, é mais fácil a identificação do eleitor. O desafio reside nas grandes capitais, onde os eleitores exibem dimensões que vão de posições extremadas à esquerda para posições extremadas à direita. Os eleitores periféricos são aqueles localizados no agrupamento próximo aos eleitores-alvo, podendo, eventualmente, ser atraídos pelo candidato.

C — *Saber ler o meio ambiente e identificar riscos e oportunidades*

O eleitor é naturalmente induzido pelas motivações e aspirações do seu grupo de referência. Procurar interpretar as necessidades, percepções, preferências, motivações, satisfações desses grupos é, em última análise, embasar as campanhas com fortes tons de realidade. Não se tem dado muita importância à leitura do meio ambiente. Mas, para quem quer ter sucesso, esse é o melhor caminho. Os políticos dependerão, cada vez mais, na Nova República, das curvas e variações do meio ambiente. Para eles, a identificação de melhores oportunidades aparece quando os contornos ambientais são visíveis. Eis, a título de exemplo, alguns tópicos sobre o meio ambiente que deveriam interessar ao *marketing* político:

— polarização política do País, com acirramento de posições, discursos exacerbados e arregimentação social abrangente;

— aumento do *poder de fogo* de setores, partidos ou segmentos identificados com posturas de mudanças, comportamentos participativos, valores modernos;

— debilidade do quadro partidário e fortalecimento do individualismo na política, ante a pouca transparência das propostas políticas ensaiadas pelos Partidos;

— imensa e permanente mobilização social, que transfere ao povo o poder de fiscalizar e, de certa forma, canalizar energias para as cobranças de natureza econômico-política;

— queda de imagem de políticos comprometidos com valores do passado, pertençam eles a qualquer Partido;

— despertar de consciência de segmentos estagnados (empresarial, estudantil);

— fortalecimento das entidades representativas da sociedade civil.

D — *Desenvolver um conceito e uma identidade*

　Desenvolver um conceito é agregar a filosofia política do candidato, o estilo de conduta, as qualidades, os antecedentes, as características físicas, comportamentais e as ações do candidato no tempo e no espaço. Grave erro cometem alguns candidatos e agências quando estruturam campanhas sem conceitos definidos, sem propostas claras. O conjunto de valores estabelecidos redunda numa Identidade que será transmitida aos eleitores. Tal Identidade formará um composto de imagem que precisa chegar aos eleitores com a máxima fidelidade. Quando a imagem transmitida não corresponde à imagem recebida — e isso é muito comum no Brasil — os mapas cognitivos e as predisposições dos eleitores não retêm o candidato.

E — *Evitar situações, atos e discursos inadequados*

　A chamada dissonância se estabelece quando o candidato passa a se comportar de maneira bem diferente da imagem que transmitiu. Surge desconfiança em relação a seu posicionamento. Os comportamentos inadequados abrangem o vestuário, as maneiras, declarações, ações, apresentações pessoais, etc. Discursos difusos, inconsistentes, confusos, afastam o eleitor. É necessário lembrar que muitos eleitores não esperam qualquer benefício do candidato, cobrando dele apenas coerência de posições. E que ações e comportamento do candidato devem corresponder às percepções e necessidades dos eleitores-alvo.

F — *Testar o conceito e a identidade antes do lançamento*

　Para os candidatos de primeira viagem, não acostumados às manhas e artimanhas da política, é aconselhável testar seu conceito e identidade, antes de apresentarem-se aos eleitores. Sua imagem pública tenderá a se transformar em algo permanente, daí a necessidade de projetá-la com muito cuidado. Para os candidatos antigos, acostumados às campanhas, será útil um reexame de posições e valores que formam seu conceito. Principalmente, à luz das mudanças do quadro político. Não é sem sentido que muitas raposas políticas perdem eleições. Em casos de mudanças de postura, não são convenientes transformações radicais, que podem assustar eleitores tradicionais. Sugerimos o que em *marketing* se chama *obsolescência planejada* — estratégia para tornar desatualizados alguns valores, substituindo-os por outros. A mudança de Partido é, por um exemplo, o primeiro caminho.

G — *Analisar os concorrentes e seu perfil político*

Conhecer os concorrentes, analisar seus potenciais, suas formas de conduta e os mercados-alvo que procuram atingir constitui medida de amplo alcance, pelas possibilidades que oferece, pois, conhecendo bem os adversários, um candidato fortalecerá sua estratégia de atração. Em política, dependendo do tipo de eleição, o concorrente pode estar no mesmo Partido, principalmente em eleições proporcionais. Em eleições majoritárias, a análise do concorrente é mais necessária, na medida em que ajuda a fazer um posicionamento diferenciado e explorar falhas conceituais.

H — *Ganhar projeção em entidades representativas*

Uma boa maneira de projeção política é a identificação do candidato com as atividades desenvolvidas por entidades representativas na sociedade. Se puder receber apoio da entidade, o candidato terá facilitada sua trajetória. A ligação do candidato com tais entidades se efetiva pela participação intensa nas lutas e reivindicações de categorias profissionais, na arregimentação social, nas eleições internas para composição de diretorias, no conceito que a instituição possui e na interpretação que os meios de comunicação dão aos líderes. Um esforço nesse sentido é mais importante nas metrópoles que nas cidades pequenas do Interior, onde a política ainda se faz à base do clientelismo.

I — *Ganhar confiança do Partido*

No composto de comunicação a serviço do candidato, um dos elementos de grande eficácia é o Partido, que transfere para os políticos seu poder de persuasão e influência. Por isso, o candidato deve ser bem-visto pelo Partido. Quando a máquina partidária acolhe o candidato com vontade e determinação, as possibilidades de ajuda são maiores.

J — *Definir com muito cuidado a estratégia de comunicação*

Esse deve constituir-se um dos principais objetivos do candidato e uma das principais ferramentas do *marketing* político. Definir o composto comunicacional é selecionar a mídia de massa, os canais mais seletivos, os instrumentos de promoção. Nessa área, integram-se diversas especializações. Há que se definir entre estratégias de comunicação horizontal, massiva, e comunicação vertical, dirigida a segmentos específicos. Programam-se os canais impressos e eletrônicos, os volumes de propaganda, os tipos de mensagem para cada setor. Costuma-se perder muito dinheiro, quando não se racionaliza o pacote comunicativo. É aconselhável uma programação rigorosa, com planos específicos para: propaganda massiva de rua (cartazes), propaganda na mídia impressa e eletrônica, aparecimento regular em matérias jornalísticas (assessoria de imprensa) de jornais, revistas e televisão, aparição pessoal e contatos com pessoas, grupos ou entidades expressivas e representativas (artistas, intelectuais, profissionais liberais, donas-de-casa, movimentos étnicos, ecológicos, associações de bairros, comunidades eclesiais de base, associações comerciais, sindicatos, associações rurais etc.), num amplo planejamento de relações públicas. Os programas de ação política deverão estar ajustados ao perfil traçado para a campanha. E os calendários precisam contemplar a presença do candidato em todos os segmentos de mercado planejados, evitando-se restringir o esquema de distribuição da campanha.

K — *Preparar um bom plano e um eficiente cronograma*

O calendário eleitoral no Brasil está sujeito a marchas e contramarchas das negociações políticas nos Estados. Mas, pode-se dizer que, em eleições majoritárias, o prazo de um ano é bastante razoável para o início de uma campanha, afunilando-se esse prazo para 9 meses, em média, para campanhas de eleições proporcionais. O *marketing* político, para ser eficaz, há de ajustar muito bem o calendário de uma campanha, sob pena de prejudicar o candidato. Diz-se que se começa a trabalhar após as Convenções e escolha dos candidatos, mas a verdade é que muitos candidatos começam a desenvolver suas campanhas, mesmo antes das Convenções. O importante é saber que a trajetória do candidato passa pelas etapas das Convenções, de lançamento, de desenvolvimento, atravessa o período de maturidade e pico até o declínio. O calendário deve ser programado para o candidato atingir o pico da maturidade no momento das eleições, de forma a ganhar a melhor *performance*. Se começar a declinar antes das eleições, o que é comum em campanhas mal projetadas, o candidato sofrerá decepções e amargará derrota. Há candidatos que começam a se projetar, em época próxima às eleições, quando a rede de compromissos já está selada. Só com muito fôlego podem recuperar terreno. Se isso vai ocorrer, ao chegar o dia das eleições, estão na fase de subida, mas não na maturidade plena. Cada etapa do plano de campanha comporta ações específicas.

L — *Conseguir um sólido esquema de financiamento*

A não ser que seja muito rico — e as próximas eleições prometem inflacionar os custos das campanhas —, o candidato precisa se articular para conseguir um esquema de financiamento. São muito comuns os patrocínios empresariais a candidatos. Quando o candidato dispõe de apoio de associações de classe, estas conseguem organizar a programação orçamentária da campanha. O que não pode faltar são recursos para concretizar os programas. Quando se trata de candidato carismático ou líder político de tradição, a massa cativa de eleitores garante bom posicionamento. Mesmo assim, é duvidoso que num País em mudanças, o carisma possa fazer muitos vitoriosos.

M — *Arregimentar grupos para trabalhos voluntários*

Os grupos de voluntários são peças estratégicas de excelentes resultados nas campanhas. Primeiro, porque trabalham diretamente com o eleitor, promovendo um tipo de promoção com grandes possibilidades de êxito. Segundo, porque podem ajudar o candidato nas pesquisas de aferição, trazendo informações valiosas para estruturação de programas, ajustes nas linguagens do candidato, preenchimento de necessidades detectadas. Alguns políticos brasileiros já começam a imitar o estilo de campanhas norte-americanas, com grupos de voluntários organizando encontros de amigos, reuniões em clubes e entidades para contatos diretos com candidatos. Esse tipo de trabalho — com base no *slogan "faça um amigo em cada rua"* — gera efeitos multiplicadores imediatos. É interessante também pensar em segmentar os grupos, com a ala jovem, a ala de mulheres, a ala dos "amigos do peito". Tais situações devem ser planejadas de acordo com as conveniências políticas dos Estados e das cidades. É muito difícil articular esse tipo de campanha em grandes capitais.

N — *Formar uma ampla base de alianças*

As chamadas "dobradinhas" funcionam perfeitamente. O deputado federal formando aliança com o deputado estadual da região, o deputado estadual compondo-se com o vereador e outras alianças semelhantes. Essa base de compromissos é extremamente eficaz para a regionalização das campanhas, oferecendo possibilidades para os candidatos "fecharem" a região aos concorrentes. A formação de alianças é uma iniciativa que deve ser tomada com bastante antecedência. Não se pode perder tempo nesse setor.

O — *Escolher equipes profissionais de assessores*

O compadrismo e a amizade podem ajudar, mas não tanto como antigamente. Os amigos do candidato são importantes para fomentarem a criação de grupos de trabalho voluntários, mas é um perigo deixar a campanha em mãos amadorísticas. Equipes profissionais vêem o candidato como um produto que quer ter sucesso e planejam as medidas necessárias para isso, sem erros ditados por paternalismo e emocionalismo. Para algumas tarefas, o candidato certamente poderá se utilizar dos amigos. Mas em funções que exijam conhecimento profissional, não deverá haver concessões. A escolha de agências e assessorias na área de comunicação deverá se dar não apenas em função do porte da empresa mas em função da capacidade de compreensão e planejamento do *marketing integrado* do candidato.

P — *Ter disposição e método de trabalho*

No momento em que decide candidatar-se, o político transforma-se numa espécie de ser coletivo. Nas campanhas, essa característica se acentua, por conta da necessidade de estar envolvido integralmente na batalha. Dessa forma, deverá ter disposição para participar de todos os acontecimentos socialmente significativos. O bom candidato é aquele que parece *onisciente*, isto é, está presente em todos os momentos políticos e sociais de relevo. E não pode, por outro lado, esquecer seus compromissos com os programas rigorosos que lhe impõe a assessoria. Esses programas incorporam um método de ação, com horários fixos, deslocamentos, reuniões de trabalho etc.

Q — *Conhecer as pesquisas de opinião, mas não se impressionar*

É muito comum desvios de conduta e de estratégia por conta dos resultados de pesquisas de opinião. O candidato, sem dúvida, precisa conhecer a penetração de seu nome junto a segmentos de mercado. Algumas questões, porém, se apresentam, como o conceito da entidade executora da pesquisa (muitas agências, principalmente pequenas, fazem parte do *lobby* do concorrente), a região onde se aplicou a pesquisa, a amostragem, etc. Mas o importante é não se impressionar com os resultados, sejam favoráveis ou desfavoráveis. Se as pesquisas merecem crédito, os resultados contribuirão para ajustar a campanha. Quando as pesquisas influenciam o ânimo do candidato, o sinal vermelho do perigo se acende. A frieza, nesses casos, é fundamental.

R — *Realizar periódicas avaliações de desempenho*

Identificar, de tempos em tempos, os pontos fortes e fracos da campanha, os pontos fortes e fracos dos concorrentes, é medida mais que necessária. É vital para a continuidade dos programas. Essas avaliações são feitas pela equipe de assessores. E também por eleitores convidados a opinar. Afinal de contas, pode ocorrer certo comprometimento das assessorias na avaliação. Um esquema profissional sério está programado para reconhecer erros e distorções.

S — *Ter flexibilidade e exibir jogo de cintura*

O político é o ser flexível por essência. Adapta-se às circunstâncias; veste-se de acordo, toma café com operários, batiza filhos de amigos, escreve recomendações, telefona solicitando empregos para amigos, está no encontro do Partido, de manhã, e à noite, numa festa no Interior. A flexibilidade é uma marca da campanha. E jogo de cintura também, entendendo-se por essa qualidade a capacidade do candidato em aceitar situações que normalmente não acataria.

T — *Desenvolver boa presença em comícios*

O Brasil é o País da retórica. E a história registra uma retórica política muito rica e criativa. O candidato deve procurar desenvolver certas habilidades no trato da palavra. Conhecendo o tipo de público que o assiste, será possível desenvolver uma linguagem adequada aos ouvintes. Os temas podem ser previamente selecionados. Exige-se boa presença até nos comícios-relâmpago, palco adequado para frases de efeito e conceitos-chavão; de muito sabor para alguns ouvidos. A boa presença do candidato em comícios grandes e importantes garante-lhe uma marca registrada, que passará adiante, multiplicando-se e redundando em prestígio e votos.

U — *Preparar-se para debates na mídia*

As eleições serão fortemente influenciadas pela mídia eletrônica. A TV, para muitos candidatos, será forte eleitor. Preparar-se para enfrentar debates na TV é medida de bom-senso. *Papers* especializados, preparados pela assessoria, constituem um bom indicativo. Deles, surgem assuntos e idéias para explanação ao público. Na TV, debates com concorrentes, dependendo da situação, são aconselháveis. Constituem excelente oportunidade para tirar partido das fraquezas dos opositores.

V — *Alcançar pontos de equilíbrio em todos os programas*

A tendência de alguns candidatos é reforçar certos programas, de acordo com sua personalidade e valores pessoais. Mas se a estratégia de campanha estabeleceu programas em diversos campos, o ideal é perseguir pontos de equilíbrio (*breakeven point*) em todos eles, formando uma homogeneidade necessária à eficácia da campanha. Quando alguém, por exemplo, valoriza a aparição e o contato pessoal, abandonando a mídia impressa e eletrônica, estará desnivelando a campanha. É claro que tudo isso depende das regiões e do cronograma.

X — *Convergir os enfoques, os apelos e os materiais para um mesmo ponto*

O leque de situações variadas tende a fragmentar a direção de uma campanha. Visões pessoais de assessores, propostas criativas de agências e assessorias, materiais oferecidos gratuitamente por grupos de amigos — tudo isso pode impressionar, como idéia de volume de campanha, mas geralmente conduz a quebra na mensagem principal ou no conceito que se definiu para o candidato. Cuidados devem se tomar para que a massa de apelos não prejudique a unicidade do discurso.

Z — *Fazer uma boa comemoração ou preparar-se para a próxima campanha*

Tudo terminado, o jeito é comemorar. E comemorar faz parte do *marketing* político. Os amigos, os eleitores, principalmente em cidades do Interior, querem recompensas psicológicas. Uma bela comemoração pode fazer parte dos planos. Se nada der certo, não deve o candidato esmorecer. O bom político, no dia seguinte à eleição, está trabalhando para a próxima batalha. Afinal de contas, nesse terreno, a persistência é uma grande virtude. Portanto, mãos à obra. Mas, esperamos que tudo dê certo.

II PARTE

MARKETING PARA O INTERIOR DO PAÍS

Os resultados do esforço, da ação e do programa de um candidato decorrem, freqüentemente, do conhecimento que tenha acerca das realidades locais e do jogo de composições, interesses e mandos que caracterizam a vida política nos municípios do Interior do País.

A ideologia política das pequenas comunidades rurais se alicerça em alguns vetores e princípios que não podem ser desprezados por um programa de *marketing,* sob pena de se ver naufragar todo o esforço de quem se aventura no perigoso terreno da política. Os políticos brasileiros, com bases eleitorais no Interior, conhecem a fundo a realidade rude dos "donos da política" e certamente não precisam de lições para conviver com situações, climas, fatos e pessoas que certamente constituem sua rotina de vida. Mas, é nossa crença que, mesmo com esse conhecimento, cometem erros primários de conduta e ação.

Apesar da invasão tecnológica e cultural ditada pelos grandes centros urbanos, da crescente urbanização das pequenas comunas, responsável, em parte, pelo declínio do sentido de solidariedade tribal e pela diluição dos laços familiares e grupais, os municípios do Interior ainda se regem, politicamente, por muitos princípios ditados pelo coronelismo.

Se é verdade que não se encontra, hoje, o coronel típico de décadas passadas, seus descendentes continuam a mandar na política local, exibindo, ao lado de traços modernos presentes na linguagem, na vestimenta e no comportamento, antigos hábitos que denotam, invariavelmente, o mesmo ritual de dominação e influência de seus antepassados. Há, portanto, um novo tipo de coronelismo, integrado às mudanças que se processam na cidade. Esse novo coronel trabalha com os mesmos valores do passado, entre os quais, basicamente, podemos apontar a prestação de favores, as barganhas, as relações pessoais, o uso de cabos eleitorais, a reciprocidade de interesses, a utilização da máquina administrativa municipal, estadual e federal.

Em *Coronelismo, Enxada e Voto,* Vitor Nunes Leal recupera a lista que um deputado, já em 1934, preparara sobre os serviços que um fazendeiro deveria desempenhar para um colono. Sem tirar muita coisa, dir-se-ia que esse rol de favores ainda constitui a base para a conquista de votos em muitas comunidades interioranas.

Senão, vejamos: "arranjar um emprego, emprestar dinheiro; avalizar títulos, obter crédito em casas comerciais (e *bancárias,* acréscimo nosso); contratar advogado; influenciar jurados; estimular e "preparar" testemunhas; providenciar médico e hospitalização; ceder animais (*e cargos,* acréscimo nosso) para viagens; conseguir passes na estrada de ferro; dar pousada e refeição; impedir que a polícia tome as armas de seus protegidos ou lograr que as restitua; batizar filho ou apadrinhar casamento; redigir cartas, recibos e contratos; receber correspondência; colaborar na legalização de terras; compor desavenças; forçar casamento em caso de descaminho de menores (...). Quando o chefe local é advogado, médico, escrivão, sacerdote, etc., muitos desses serviços são prestados pessoalmente, mediante remuneração irrisória ou inteiramente gratuitos".

Maria Isaura Pereira de Queiroz, em seu excelente *O mandonismo local na vida política brasileira e outros ensaios,* apresenta uma bem articulada contribuição para a compreensão da sociologia política no Brasil. Para quem quiser aprofundar-se no tema, sua obra e a de Vitor Nunes Leal são boas indicações.

Com base nesse contexto e com o objetivo de ajustar a tradição de ontem com as técnicas de hoje, apresentamos algumas situações que, de alguma forma, devem, depois de analisadas, se incorporar ao planejamento do *marketing* político do candidato em suas andanças pelo interior. Atenção, portanto, para o seguinte roteiro:

A — *Comportar-se como um vencedor*

A energia de um candidato, a capacidade de transmitir otimismo e certeza de vitória, a firmeza no trato dos problemas inspiram confiança nos eleitores, principalmente no Interior, onde a maneira de fazer política se efetiva por meio dos conchavos e contatos pessoais. A onda de otimismo do candidato se espalha gerando, por irradiação, novas frentes de entusiasmo e engajamento.

B — *Identificar a força econômica da região/município*

O poder econômico tem sido o esteio da política do Interior. Esta força econômica é geralmente repartida entre os proprietários rurais e os novos comerciantes que têm lucrado e feito fortuna com a industrialização e a urbanização das cidades. Em muitas regiões, as lideranças políticas nem sempre são representadas por quem detém a força econômica. A identificação deste fenômeno ajudará o candidato na composição do quadro de apoios que deve estabelecer em cada município.

C — *Identificar os novos coronéis e seu tipo de mando*

A especialização de funções, a multiplicação de órgãos da administração, o aparecimento de novos segmentos e grupos de pressão tiraram a força concentrada nos grandes coronéis e chefes políticos. Dessa forma, o poder se repartiu e, hoje, é medido pela quantidade de votos de que dispõe cada chefe ou por sua capacidade de fazer favores. A segmentação das chefias políticas locais é um fenômeno em pleno processamento e crescimento. Disso resultam, naturalmente, novos tipos de mando, dos tradicionais, à base de prestação de favores e "votos de cabresto" aos mais modernos, como o mandonismo à frente de entidades e associações de classe.

D — *Identificar as zonas, culturas e riquezas da região*

O conhecimento profundo da terra e de suas possibilidades é uma maneira segura de projetar uma imagem ligada à região. Por outro lado, favorece a empatia do candidato com as lideranças locais, objetivando conversas, acertando modos de ajuda e ajustando plataformas. A empatia surge desse conhecimento.

E — *Quantificar os votos dos chefes locais*

Se há uma aritmética de exageros, ela está freqüentemente localizada nas contas dos novos coronéis. Será tarefa difícil quantificar os eleitores de cada "dono da política" local, mas o exercício de fazer contas poderá se constituir em indicativo seguro para a divisão de favores e distribuição de zonas de influência. O programa de visitas aos chefes deve ser previamente organizado. O candidato precisa saber com quem vai conversar, evitando surpresas de última hora.

F — *Elaborar o perfil dos eleitores*

Que tipo de eleitor predomina na região? O eleitor "pau mandado", "voto de cabresto" ou o eleitor urbano, mais tendente a obedecer à pressão de seu segmento social e dos interesses coletivos?

A necessidade de perfilização do eleitor se relaciona, portanto, ao tipo de discurso, de conversa de pé de ouvido e de contatos que o candidato deve fazer. Torna-se evidente que em zonas de "compras de votos", a conversa tem de ser diferente.

G — *Selecionar os melhores cabos eleitorais*

Os cabos eleitorais são a vanguarda de uma campanha municipal. Conversam com eleitores, transmitem as ordens, promovem o enquadramento para o dia das eleições, barganham, mentem, desconversam, lançam balões de ensaio. As relações pessoais dos cabos eleitorais com o eleitorado são fundamentais para o sucesso da campanha. Cabo eleitoral que não circula, não é bom. O cabo eleitoral "quebra galho", atende, ouve, despacha, encaminha e, sobretudo, cobra do eleitor os compromissos. O grupo dos amigos fiéis, retaguarda de todas as campanhas, deve ser preservado a qualquer custo. Dele, depende o sucesso de muitas jornadas.

H — *Ter postura de flexibilidade*

Atender a uma programação variada, aprumar a conversa de acordo com as ocasiões, não tomar partido em brigas de facções que o apóiam ou, pelo menos, não se envolver diretamente nas querelas, faz parte da flexibilidade do candidato. A programação gastronômica também precisa ser flexível.

I — *Ouvir com atenção os pedidos*

Saber ouvir é uma das grandes qualidades do político. A enxurrada de pedidos dos eleitores e de seus padrinhos tende, geralmente, a desviar sua atenção. Nos momentos de atendimento, sua conduta é a de exasperar-se, olhar o relógio, desviar a conversa. Quando esse tipo de comportamento se torna comum pode criar, para o candidato, uma imagem de leviandade e desinteresse. Isso é perigoso.

J — *Procurar atender aos compromissos*

No Interior, está consagrada a lei da troca, do "Toma lá, dá cá". Os votos são oferecidos na expectativa de um favor a ser alcançado, podendo este contrato ser rompido quando uma das partes não atende ao que foi estabelecido e muitas vezes intermediado pelo cabo eleitoral. O atendimento significa, num primeiro momento, ações no sentido de implementar o pedido, mesmo que este não seja imediatamente atendido. Mas o cumprimento da palavra dada é muito importante, principalmente se o favorecido é um "grande eleitor".

K — *Cultivar as amizades e os laços pessoais*

Além das trocas materiais, simbolizadas pelos favores prestados, o eleitor interiorano se encanta com as recompensas psicológicas consubstanciadas pelo trato que o político lhe dá. Tais recompensas se concretizam, freqüentemente, por meio de pequenos atos que têm muito valor para o chefe político, tais como, cumprimentos de aniversário, batizado do filho, presentes para a mulher, enfim, qualquer sinal exterior de lembrança e amizade. A preparação de um *mailing list* com nomes e aniversários é uma maneira de implementar esse tipo de comportamento.

L — *Aparentar força e poder, mas não perder a modéstia*

Entre os valores e qualidades elogiadas pelo eleitorado estão a força, o poder e a modéstia do político. "Ele é gente tão simples" — é uma frase muito ouvida da boca do eleitor. Mas a modéstia não pode ser confundida com sinal de fraqueza. Ao contrário, o eleitor orgulha-se do poder que detém seu candidato. E demonstrações de força e grandeza, sem exibição de opulência, são necessárias para manter o moral dos eleitores em nível elevado. Resistência física é essencial. O bom candidato é aquele que madruga.

M — *Tentar fazer conciliações e pactos*

Aconselha-se verificar se o mando do chefe político é único ou dividido. Se na região muitas famílias disputam o poder, será necessário estabelecer uma certa conciliação, principalmente se todas elas apóiam o candidato. Quando apenas duas famílias disputam, as relações políticas são mais agressivas e aí o trabalho de conciliação será mais árduo. Mas as alianças serão indispensáveis para o sucesso da campanha.

N — *Captar o clima da estrutura sócio-espacial do poder*

As cidades do Interior apresentam uma configuração sócio-espacial que, de certa forma, denota a distribuição do poder. O núcleo urbano, com seu centro comercial e centro de decisões e comunicações, organiza o cinturão rural. No espaço central, a Matriz, que representa o poder normativo-religioso, geralmente apartidário e que, normalmente, acolhe todas as facções. Nas ruas, cercando a Matriz, as amplas e confortáveis residências dos grandes proprietários e comerciantes; nas ruas adjacentes, as casas dos eleitores de menor poder. E assim, gradualmente, saindo do centro, até se chegar à periferia, as casas e as ruas vão representando a estrutura espacial do poder das cidades. O entendimento dessa configuração, além de poder ajudar na confecção de um programa de visitas, contatos e esquema de promoção e propaganda horizontal (isto é, geográfica) indicará igualmente alguns pólos de poder que o político não pode desprezar: o padre, o juiz, o promotor, o tabelião.

O — *Ganhar a confiança dos grupos de pressão*

A diminuição do poder coronelista no País se deveu, além do crescimento das cidades, da especialização de funções, multiplicação dos órgãos de administração, industrialização, ao aparecimento de grupos organizados, os chamados grupos de pressão. Com ações políticas bem dirigidas e com objetivos que vão da conquista de vantagens materiais a proteção de situações adquiridas ou a reivindicações para aumentar o bem-estar da categoria representada, os grupos de pressão se alastram pelo País. São grupos profissionais, ligados à indústria, agricultura, comércio, ou grupos de interesse puramente ideológico, grupos sindicais ou de associações do tipo "defesa do meio ambiente". Identificar tais grupos, atender às suas reivindicações, ganhar sua confiança — eis uma boa receita, principalmente se se leva em consideração que a tendência é sua multiplicação na sociedade.

P — *Usar intensamente o rádio*

Apesar da penetração da TV, o rádio ainda é o grande veículo de comunicação do Interior do País. As emissoras locais e regionais estabelecem um grande circuito da audiência, integrando as comunidades, oferecendo serviços de utilidade pública e uma farta programação musical. O recado, a mensagem política no rádio, periodicamente, estabelecem um contato permanente do político com seu eleitorado, com a vantagem de ter difundidas suas palavras por meio da multiplicação das interpretações dadas pelos ouvintes. Para manter audiência cativa, nada mais adequado que um programa diário na mesma hora, ao vivo ou produzido com antecedência.

Q — *Usar uma bateria de meios informais de comunicação*

A utilização dos recursos e meios de comunicação que tenham credibilidade e aceitação na região é eficaz para impactar a campanha. Assim, dentro da programação de contatos informais, são importantes os folhetos populares de literatura de cordel, que, por sua natureza lúdica, criam uma corrente de simpatia em torno do candidato, principalmente se são confeccionados por poetas populares e conhecidos que reinterpretam com graça as virtudes do político;

os discos, com temas musicais da campanha, preparados por conjuntos musicais de sucesso na região; os conjuntos musicais, em *shows* ao vivo; os grupos organizados, para apresentações artísticas, etc. Aconselhamos articular os meios informais com os meios formais. Por exemplo: os *shows* ao vivo com cobertura do rádio; ou depoimentos de pessoas, grupos, líderes a respeito do candidato, gravados e, depois, levados ao ar. Não esquecer que um bom animador de comícios é fundamental. E que a claque organizada cria os climas de esquentamento e euforia.

R — *Preparar um bom programa de identidade visual*

O candidato deve possuir uma sintaxe visual. Para isso, precisa ter uma identidade de marca, que transmita sua personalidade, gerando, em conseqüência, sua imagem. Esse programa deve conter os elementos definidores de sua campanha: as cores, os traços particulares, as variantes de uso do seu *slogan,* os caracteres tipográficos, etc. E todos os materiais promocionais devem carregar os mesmos traços e características, sob pena de fragmentar a imagem. Entre os materiais promocionais, apontamos: bandeiras, botões com *slogans,* prospectos, decalques, cartazes, chapéus, bolas de gás, cartões-postais, camisetas pintadas, carros de som, bonés, cata-ventos, faixas, flâmulas, volantes, braçadeiras, barracas, crachás, fitas para cabeça, painéis, placas, palanques, porta-documentos, bolsas, sacolas, agendas, lápis, pastas, cadernos, cinzeiros, guardanapos, isqueiros, troféus, caixas de fósforo, fotografias, chaveiros, canetas, réguas etc.

S — *Organizar encenações de alto impacto*

Bandas de música fazendo a recepção, grupos de estudantes com bandeirolas, carros enfileirados, rojões, carros de som, aplausos e gritos constituem o cardápio de uma boa encenação. A verdade é que o clima festivo cria uma aura de felicidade e vitória. Além disso, as encenações barulhentas parecem despertar a monotonia das cidades interioranas motivando o desejo de participação dos eleitores. Aliás, a campanha política é, para o Interior, uma grande festa. E candidato que não se apresentar com esse espírito pode perder o pique antes do "último baile". O candidato deve chegar um pouco atrasado aos comícios para encontrar climas mais propícios e mais pessoas. A encenação do atraso valoriza sua figura em cena.

T — *Escolher uma palavra ou uma frase de comando*

Os valores locais e regionais devem ser bem pesquisados para que possam determinar a escolha, pelo candidato, de uma palavra ou mais palavras e, mesmo, uma frase de comando para a campanha. Esses sinais gráficos, a aparecerem nos cartazes e nos materiais da campanha, encarnarão a personalidade do candidato, mas devem ser simples, diretos e, sobretudo, devem estar consoantes com a cultura regional e local.

U — *Planejar muito bem as despesas*

Se o candidato quer ter custos inflacionados, basta ir deixando as contas "penduradas". Mas o inflacionamento das contas a que nos referimos não é conseqüência da perda do poder de compra do cruzado (agora uma moeda forte), mas do aumento dos custos, simplesmente por conta da "boa vontade", dos "amigos" e das promoções realizadas sem planejamento. Quando as contas ficam "penduradas", geralmente ocorrem alguns exageros. Daí o cuidado de planejar as contas dos eventos. Um candidato deve evitar bebidas alcoólicas em encontros e festas, para não se exceder em conversas inconvenientes. A sobriedade é uma boa tática. Saber ouvir, também.

V — *Ter cuidado com sinais externos de riqueza*

Exibir sinais de riqueza não só atrai uma multidão de favores e préstimos ou empréstimos, como atrai uma legião de críticos. Os sinais de riqueza são aquelas manifestações que, se não chegam a agredir os eleitores-alvo, despertam sentimentos de crítica nos adversários. Traduzindo para a linguagem do eleitor, isto significa: "ele está gastando o que é nosso; um aproveitador; só aparece em época de campanha". Portanto, é preciso muito cuidado com as grandes festas, com as mansões, vivendas e fazendas opulentas. Quando o candidato é rico, por tradição, herança, vínculos familiares, mas conserva a simplicidade, e não ostenta tais sinais, é mais fácil escapar das críticas.

X — *Marcar presença constantemente*

O País elege possivelmente as últimas gerações que herdaram o poder político por tradição. A passagem do poder político, de pai para filho, está condenada fatalmente à extinção. Os novos interesses locais, a pressão dos grandes centros sobre as comunas interioranas, a nova geração que consome os alimentos da indústria cultural das metrópoles, a urbanização, constituem, entre outros, fatores que passam a direcionar a opção política no Interior. Nesse contexto, não possuem mais grandes oportunidades, os candidatos que aparecem nas regiões apenas em épocas de campanha. As comunidades locais passam a exigir candidatos comprometidos com a região, com o município, com as causas dos eleitores. Essa exigência significa, no fundo, a presença constante do político para ouvir as reivindicações regionais.

Z — *Começar a identificar-se com o futuro*

Os candidatos e os políticos que pretendem preservar liderança e poder sobre as bases do Interior do País não podem continuar a agir eternamente à maneira da sociedade coronelista. Sua sobrevivência estará mais garantida se começarem a se comprometer com a nova realidade social e política do País. Estarão condenados todos aqueles que imaginarem que se perpetuarão nos seus feudos eleitorais.

A dinâmica social certamente exigirá novas posturas, novos métodos de ação e novos compromissos. O Interior cada vez mais aproxima-se da grande cidade. Esse processo de conurbação exigirá homogeneidade de posicionamento. As distâncias geográficas ficarão pequenas, ante a tecnologia das comunicações. Comprometer-se com o futuro é, portanto, uma estratégia de *marketing*. Boa sorte!

III PARTE

MARKETING GOVERNAMENTAL
Conceitos, estratégias e estrutura de comunicação

1. COMUNICAÇÃO GOVERNAMENTAL: DA IMPORTÂNCIA

A comunicação governamental integra o vasto repertório do que em Ciência Política se chama de linguagem do poder. Essa linguagem, como lembra um dos estudiosos da Política, Harold Lasswell, em seu clássico *A Linguagem da Política,* tem sido um tópico atraente desde os tempos clássicos até nossos dias, suscitando comentários e investigações. Dos sofistas, que desenvolveram regras práticas sobre a eficácia do discurso, a Roma, de Cícero, da Idade Média que atribuiu imensa importância à comunicação verbal, a Hitler, em seu livro *Minha Luta,* a linguagem do poder tem sido objeto de exaustiva análise.

Cada sistema político possui sua linguagem. Os sistemas autoritários utilizam a linguagem como fonte de perpetuação no Poder e manutenção do sistema. O conceito de verdade é freqüentemente traduzido como a vontade do governante. Nos sistemas liberais e nos regimes democráticos, os líderes e liderados estão unidos na exigência do poder compartilhado mediante a participação de todos na tomada de decisões coletivas. O sufrágio universal é o mecanismo pelo qual se processa a escolha dos governantes. Aqui, a linguagem assume o posicionamento de instrumento de crítica social, de procura da verdade, de tribuna livre, apesar da crítica sobre os modelos econômicos que fazem da verdade a verdade dos donos da indústria cultural.

Interessa-nos, aqui, não debater sobre essas questões, que cercam o conceito da linguagem dos meios de comunicação, mas mostrar o que significa a linguagem da comunicação governamental e sua importância para os sistemas democráticos. Para regimes autoritários, do tipo nazista, a comunicação governamental resume-se na propaganda unilateral, repetitiva, retumbante, destinada a arregimentar multidões. A comunicação governamental, em sistemas democráticos, abriga todas as possibilidades de intercâmbio entre o Governo e os governados, num fluxo constante de idéias, bilateral, aberto, livre.

A comunicação governamental é uma necessidade social, mais que uma infra-estrutura de sustentação do Poder. Por sua rede, os segmentos sociais tomam conhecimento do que se passa nos diversos setores do Governo e, por seu intermédio, transmitem aos governantes suas expectativas e desejos. Deve ser entendida, pois, como via de duas mãos. Mas, afinal, o que deve se conceituar por comunicação governamental?

Deve-se entender por comunicação governamental a vasta rede formal criada e localizada no interior das organizações governamentais. Seu objetivo primordial é levar à opinião pública fatos de significação, ocorridos na esfera governamental. Como ampla área de comunicação social, envolve, em seu sistema e em seus fluxos, as atividades do jornalismo, das relações públicas, da publicidade e da propaganda, da editoração, do cinema, do rádio, da televisão, além de ações de comunicação informal.

Trata-se de um imenso complexo de comunicações, de natureza impressa e eletrônica, a serviço de um projeto de Governo. A comunicação governamental se concretiza, a partir da rotina diária dos *briefings* da Sala de Imprensa da Presidência, passa pela programação institucional dos filmes de televisão e cinemas, corre na rede impressa de boletins, jornais, revistas especializadas, folhetos, panfletos, *folders,* espalhados pelas centenas de instituições e empresas governamentais, projeta-se na política de fixação de imagem para os planos, programas e obras governamentais e vai, de Brasília, sede do Poder Central, até as pequenas comunidades rurais do Interior do País.

Com estrutura complexa e imenso poder de penetração junto às massas urbanas e rurais, tendo em vista a rede de instrumentos de terceiros e próprios, como a Radiobrás e a Empresa Brasileira de Notícias, o sistema de comunicação governamental do País é um vigoroso agente de transformação social. A comunicação social do Governo transforma, transmite, sustenta imagens, cria e estabelece pólos de motivação e satisfação, desfaz equívocos, e atenua pontos de tensão. Em última análise, reforça e sustenta o Poder.

Essa força, porém, não deve ser utilizada apenas unilateralmente, isto é, do Governo para a sociedade. Em regimes abertos, funciona igualmente para transmitir ao Governo o estado de espírito de seus governados. É claro que cabe aos governantes exibir suas realizações e aos profissionais de comunicação que os servem desempenhar com eficiência suas tarefas de informar e interpretar os fatos. Mas a impressão que se tem, ao longo de anos a fio de mensagens viciadas, é que o Brasil acostumou-se com o *oficialismo informativo,* responsável por *verdades* não comprovadas.

Tal situação tem sido bastante perigosa para a saúde e o conceito da área. A convivência dura com um tipo de comunicação hierárquico e autoritário, se não chega a provocar danos mais sérios na forma, apresenta seqüelas, entre elas, certo arrefecimento na capacidade analítica dos jornalistas, amortecimento da motivação, passividade, sujeição.

No caso da comunicação governamental, é fácil perceber que o batalhão de profissionais, além de enfraquecer seu poder crítico, burocratiza-se, não sentindo o que transmite, nem acreditando no que faz. Em algumas repartições, lembram a figura de agentes de segurança ou guarda-costas.

Ocorre que o autoritarismo tem sido a escola da comunicação oficial no Brasil, e os profissionais que estão a seu serviço não possuem condições de alterar um corpo de pensamento que se baseia no conceito de segurança do Estado. Segundo o conceito, para a segurança do Estado e a tranqüilidade social, é necessário preservar os dirigentes e evitar escândalos públicos. Esta doutrina gerou uma comunicação fortemente autoritária, transformando os governantes em pessoas preocupadas com sua imagem pública. Desse modo, evitar exposições aos meios de comunicação constitui medida de salvaguarda e sobrevivência.

O interessante de tudo isso é o paradoxo. Ao grande desenvolvimento das telecomunicações, nos últimos 20 anos, não correspondeu nenhum crescimento ou aperfeiçoamento nos modos do Governo se relacionar com a sociedade. O País modernizou-se, ampliou sua infra-estrutura de comunicação, criou o Ministério das Comunicações, formou empresas para operar serviços, associou-se ao sistema internacional de comunicação via satélite, e implantou o sistema nacional de microondas. Com essa base tecnológica, o Governo multiplicou as demandas, mas sua postura para com a sociedade não melhorou. Isto é, à modernização da aparelhagem que movimenta as novas relações sociais, contrapõe-se uma política obscurantista nas maneiras do Governo se relacionar com seus governados, como se o ato de informar ao cidadão fosse uma concessão paternalista, não um direito.

O ponto de partida do atual modelo governamental foi desenhado no início da década de 70, sob os auspícios da Assessoria Especial de Relações Públicas da Presidência da República, época em que o Brasil vivia momentos de intensa euforia, com campanhas de opinião pública bem elaboradas e orientadas por um forte cunho nacionalista. Estava em cena todo um referencial de valores relacionados ao "milagre econômico", entre eles a consciência de pertinência, a consciência que têm os indivíduos de sua posição social, a criatividade pessoal, manifestação que foi bastante manipulada por meio do futebol, que canalizou o *back-ground* cultural arcaico brasileiro com os prodígios de criatividade nos estádios, numa orquestração dirigida pelo Sistema Estatal.

Este modelo acompanhou a evolução da sociedade, abandonando a postura fortemente autoritária da Presidência de Emílio G. Médici e ingressando no compasso da abertura "lenta e gradual", estilo Ernesto Geisel, quando as relações com os meios de comunicação e a sociedade passaram, em certo momento, a ser mais cordiais e, sem dúvida, mais profissionais. Ao assumir o Governo, o Presidente João B. O. Figueiredo empunhava uma estrutura especial de comunicação, inspirada em modelos internacionais, como o venezuelano, o francês e mesmo o norte-americano. Este modelo federal inspirou modelos estaduais, como o de São Paulo, Ceará, Maranhão.

O sistema de comunicação governamental procurou respaldar-se na necessidade do Governo de manter linhas e formas de comunicação para com a sociedade, projetando sua imagem perante ela, porém sem procurar auscultar seus anseios e preocupações.

O modelo de comunicação brasileiro, na área governamental, chegou, em 80, a ganhar foros internacionais, interessando aos Governos de Angola, Nigéria, Togo e até de Portugal.

O ponto alto do programa governamental foi a incorporação do conceito do *marketing* social, quando fortes campanhas de impacto se apresentam, entre elas, as campanhas da poliomielite, economia de combustível, "pechincha", segurança nas estradas, higiene doméstica, incentivo aos esportes, prevenção contra o câncer, coleta do agasalho. Valorizou-se o dado social, mais que o dado comercial. O pano de fundo a abrigar esse *marketing* estava permeado de fatores tais como a crise econômica, insatisfações nos estratos médios e baixos da população, arregimentação sindical, multiplicação de movimentos comunitários e associativos, forte penetração da Igreja, principalmente na periferia de São Paulo, onde, reconhecidamente, se congrega o maior foco de tensões do País, indefinição da sucessão presidencial, movimentos de defesa da ecologia, multiplicação de movimentos minoritários e étnicos.

É oportuno lembrar, como princípio de sustentação do sistema de comunicação governamental brasileiro, o traço conceitual assinalado pelo ideólogo do regime na época, Gal. Golbery do Couto e Silva, que, em célebre análise na Escola Superior de Guerra, descreveu o que chamou de "descentralização", eufemismo para a proclamada abertura política: "As pressões contrárias, hoje fortes e quase insuportáveis, voltariam a acumular-se aceleradamente, pondo em risco a resistência de todo o sistema, nessa enorme panela de pressão em que, como já teria assinalado em tempos passados, veio a transformar-se o organismo nacional, após década e meia de crescente compressão. Destruída a polaridade, até então dominante, pela dissociação da frente oposicionista, novas perspectivas abrem-se agora à estratégia governamental, com vistas à promoção de um estilo de vida ainda mais progressista e democrático". O general usava de todo o seu conhecimento a respeito das entranhas do regime e dos pilares de sustentação governamental, e fazendo uma analogia com o organismo humano, pregava a *diástole* (descompressão) como medida eficaz para suprir um coração em *sístole* (contração). O organismo nacional necessitava desse sangue como medida para desafogar-se, descontrair-se e permitir aquilo que a Teoria de Sistemas chama de *homeostase dinâmica,* a capacidade dos sistemas de se manterem equilibrados e, assim, poderem caminhar evolutivamente (a sustentação teórica para a abertura *lenta e gradual* do Presidente Ernesto Geisel e continuada pelo Presidente Figueiredo). Mas, infelizmente, no que diz respeito à comunicação governamental, o Governo fechou os fluxos, acabando por isolar-se no círculo do poder. Daí a necessidade de se formular um novo conceito para a área de comunicação governamental. Conceito que deve ser estendido não apenas aos níveis federais, mas aos níveis estaduais e municipais. Com base no contexto apresentado, propomo-nos redefinir a comunicação governamental, por meio de objetivos, estratégias, valores conceituais e uma estrutura mínima indispensável para operacionalizar os sistemas.

SISTEMAS DE COMUNICAÇÃO DO GOVERNO

Estes são os objetivos de um Sistema de Comunicação Governamental:

A. *Objetivos globais*

　a) Criar as bases e gerar as condições que permitam ao Governo um sólido, profícuo e eficaz relacionamento com a sociedade.
　b) Estabelecer climas e situações que permitam ao Governo o desenvolvimento normal de suas ações e projetos.
　c) Propiciar a criação de fluxos de comunicação, do Governo para os segmentos sociais e desses para o Governo, de forma a favorecer o sentido de participação da sociedade na obra governamental.
　d) Dar unicidade aos programas, evitando parcializar e fragmentar a obra governamental.

B. *Objetivos operacionais*

　a) Criar sistemas ágeis, necessários e úteis para a transmissão rápida de mensagens de interesse social.
　b) Criar estruturas enxutas, funcionais, que primem pelo escopo de alto profissionalismo e baixos custos operacionais.
　c) Clarificar as metas e objetivos dos setores de comunicação social do Governo, de modo a se evitar duplicidade de ações e projetos.
　d) Otimizar os recursos à disposição da área de comunicação governamental, dando uma visão empresarial à gestão.

2. ESTRATÉGIAS

— *Harmonizar a comunicação governamental*

Justificativa:

A identificação da obra governamental é o objetivo finalista da comunicação. Por sua natural complexidade, os projetos e ações do Governo se apresentam esfacelados perante a opinião pública. A variedade e a especialização das ações, a dispersão geográfica que cobre os projetos, a dimensão territorial do País, a ausência de critérios que normatizem a política de comunicação social do Governo, o personalismo de alguns Gabinetes — personalismo que se reflete em toda a rede de comunicação, promovendo as pessoas e não os fatos — constituem fatores que agem conjugadamente para a fragmentação da obra governamental.

As angulações diferentes acabam por repartir a imagem governamental. A necessidade de harmonização da política de comunicação governamental é fundamental para a imagem de unidade que deverá ser construída.

— *Priorizar os fluxos de comunicação: os grandes centros urbanos*

Justificativa:

Um país de dimensões continentais, como o Brasil, está sujeito a uma variedade de comportamentos sócio-culturais. As diferenças de comportamentos entre os grandes centros urbanos e os meios rurais são patentes. A região Sudeste, por exemplo, submetida ao tratamento intensivo da indústria cultural, caracteriza-se como típico foco de comunicação de massa, com sua população exposta aos mais subliminares apelos persuasivos. A forte classe média, com seu crescente poder de pressão, o maior ajuntamento estudantil e operário do País, o maior aglomerado industrial, os mais fortes segmentos intelectuais e de geração de conhecimento científico, a mais ampla estrutura de lazer e diversões — conferem à região Sudeste a posição de centro nervoso do País, imenso ponto de tensão social e o mais sofisticado pólo irradiador de opinião e influência. Dir-se-ia que os fatos comportamentais, políticos ou de caráter meramente diversionista gerados no Sudeste têm grandes possibilidades de se espraiar por todo o País. A pressão da classe média, os movimentos trabalhistas, a organização estudantil e a polarização política, com posições de alto engajamento formam o espectro de situações que podem contribuir para a desestabilização de um projeto de Governo. Tais situações são, em parte, induzidas, pelo vigoroso complexo de comunicação, interessado em mobilizar sua massa de ouvintes e leitores e, evidentemente, ampliar suas vendas. Com este aparato que multiplica os focos de tensão, é de se inferir a necessidade de um tratamento especial aos grandes centros urbanos. A priorização dos fluxos de comunicação e a atenção para os grandes centros urbanos requerem, em suma:

— maior densidade informativa dirigida à região.

— maior agilidade na transmissão de mensagens e na captação de sentimentos e expectativas.

— trabalho mais direto, intensivo, com representantes das mídia impressa e eletrônica (de repórteres a empresários de comunicação).

— maior presença de líderes governamentais na região.

— necessidade de ações diretas de comunicação junto a líderes de opinião nos setores universitário, artístico, operário, estudantil, eclesiástico, empresarial, e junto a associações de donas-de-casa, movimentos feministas, de defesa do consumidor, ecológico, etc.

— iniciativas conjuntas de comunicação com setores apontados.

— *Abrir os fluxos de comunicação para a sociedade*

Justificativa:

O ato da comunicação não se encerra com a passagem dos atos do Governo para a opinião pública. É importante saber o que os segmentos sociais estão pensando do Governo. Nesse sentido, um projeto de comunicação democrático deve incorporar os sentimentos da opinião pública. A criação de fluxos de comunicação que possam levar ao Governo as expectativas da sociedade é importante, sob o aspecto de controle — isto é, o Governo saberá como seus projetos e ações estão sendo recebidos — ao mesmo tempo em que permitirá ajustar programas. A efetivação desse tipo de fluxo ascendente é medida simples, de fácil operacionalização. Basta que as estruturas de comunicação sediadas nos Estados passem a incorporar como tarefas rotineiras a realização de pesquisas e as sondagens de opinião, enviando os relatórios para a estrutura central. Outras formas de comunicação ascendente se viabilizam em ações diretas do Presidente e seus ministros em visitas a regiões, em contatos com representantes de segmentos sociais, associações, entidades. Fomentar-se-á, ainda, a criação de um fluxo direto à Presidência, com cartas, sugestões, idéias, num trabalho de relações públicas de aproximação e integração.

— *Dar ênfase aos fatos e não às pessoas*

Justificativa:

Valorizar os fatos que são notícias e que merecem ser transmitidos, selecionar acontecimentos socialmente significativos, colocar a obra governamental acima das vaidades e interesses personalistas — esses objetivos deveriam servir de orientação à política editorial da comunicação governamental. É evidente que, por trás dos fatos, estão os agentes diretos, as pessoas. Não se pode esquecê-los, contanto que não apareçam sobrepujando os próprios acontecimentos. A perenidade de um Governo está em sua capacidade de deixar fatos para a história.

3. VALORES PARA A CONSTRUÇÃO DE UM CONCEITO

É aconselhável arrolar um conjunto de valores que permitam construir um conceito de Governo. A visão particular dos homens que fazem o Governo favorece a criação de feudos. É natural o aparecimento de gestões particularistas. Uma maneira de atenuar tal situação é a procura de um conceito global para o Governo. A título de exemplificação, eis alguns ângulos e valores que podem permear a comunicação governamental:

— Dignidade
— Valorização da classe política
— Honestidade de propósitos
— Probidade
— Governo de portas abertas
— A procura da melhor solução para o País
— Compromisso com o povo
— Compromisso com a democracia
— Sem favoritismos
— Humanismo nas decisões
— Independência nas negociações externas
— Mudanças com a participação do povo
— Simplicidade
— Competência, profissionalismo
— Sem mordomias e excessos administrativos

A estes valores somar-se-ão outros extraídos dos projetos governamentais. O importante é trabalhar com um conceito de Governo, a fim de que se possa passar, desde o início, uma imagem positiva. Com isso, ganha-se tempo e evita-se a fragmentação do projeto governamental.

Ao lado do conjunto de valores, torna-se necessário recuperar certos princípios inerentes à nacionalidade. Apesar de não ser tarefa exclusiva da área de comunicação do Governo, a ação no sentido de vivificar princípios, tais como o civismo, o orgulho pátrio, a defesa da nacionalidade, é de muita significação. A alma nacional precisa recuperar princípios que estão esquecidos, principalmente junto aos segmentos juvenis. O conceito de Pátria parece ter sido esquecido nos últimos tempos. Orgulhar-se da Pátria é um traço forte que marca a fé de um Povo. A área de comunicação pode desenvolver este conceito, realizando tarefas dirigidas principalmente à juventude.

4. OPERACIONALIZAÇÃO — ESTRUTURA

O desenvolvimento das atividades de comunicação governamental requer a especialização de funções. Uma estrutura simples, funcional, ajustada aos programas típicos de comunicação reparte as tarefas entre os seguintes departamentos:

— Imprensa
— Publicidade e Propaganda
— Relações Públicas
— Publicações
— Infra-Estrutura Técnica

Imprensa

Canalizando as informações da Presidência, preparando reuniões e entrevistas coletivas, fazendo articulações com as Assessorias de Comunicação dos Ministérios e Autarquias, o Departamento de Imprensa deve se posicionar numa linha de vanguarda da área de comunicação. Mais que uma estrutura de preparação de textos, vemos o Departamento de Imprensa como órgão de assessoramento direto, seja por meio da preparação dos ambientes e climas para entrevistas, seja por meio de contato com jornalistas e empresários de comunicação. Acreditamos ser viável a realização de uma programação que inclua, entre outros pontos:

— uma entrevista coletiva do Presidente de dois em dois meses.
— preparação de entrevistas exclusivas a correspondentes estrangeiros (uma a cada dois meses).
— respostas a todas as perguntas de jornalistas que chegarem à Presidência. Não deixar ninguém sem resposta.
— evitar privilegiar determinados órgãos de imprensa.
— preparar edições especiais para emissão de programas radiofônicos em emissoras oficiais e privadas, principalmente do Interior do País (articulação com a Empresa Brasileira de Notícias e Radiobrás).
— editar falas e discursos do Presidente para registro histórico.

Relações Públicas

Este Departamento cuidará de todo o atendimento de correspondência da Presidência da República. Receber, catalogar, classificar e responder a todas as cartas que chegam, procurando, de certa forma, particularizar as mais importantes. Ao mesmo tempo, organizará o *mailing list* da Presidência, com a relação de nomes, tomando-se o cuidado de atualização constante. Mas, além das tarefas específicas, vemos o Departamento como órgão de preparação de campanhas cívicas, campanhas relacionadas a datas nacionais, em conjunto com os meios de comunicação. O calendário de eventos da República, com os acontecimentos festivos, cívicos, religiosos, étnicos, de todos os Estados, deve ser um programa especial. A presença do Governo neste tipo de evento é importante, do ponto de vista de imagem, seja até por meio de um telegrama. A articulação com os setores de Relações Públicas dos Ministérios também será importante, para ajuste de programas e projetos. Este Departamento pode abrigar uma Seção de Pesquisa de Opinião Pública.

Publicidade e Propaganda

As contas governamentais precisam de estudo em profundidade, com a finalidade de se saber exatamente quanto o Governo gasta em propaganda. Esse estudo minucioso, levado a cabo pela área de Comunicação do Governo, poderá ser a base de um amplo programa de publicidade e propaganda. A montagem do esquema publicitário deverá repartir as contas entre grandes agências, agências médias e até pequenas. Será necessário repartir democraticamente o bolo das verbas, de modo a se evitar futuras críticas. Evidentemente, o critério de bom atendimento, porte da agência, qualidade de criação estarão presentes na distribuição das contas maiores, porque os produtos do Governo assemelham-se a outros quaisquer, merecendo tratamento profissional. Aliás, o tratamento profissional, sem paternalismo, deve ser ponto de honra a guiar a política publicitária do Governo. Uma questão se faz necessária: acordos operacionais entre agências, principalmente para que as campanhas não destoem umas das outras. Um certo sinal em comum, apelos semelhantes são importantes para mostrar um traço de união do Governo. Do ponto de vista político, não são aconselháveis campanhas durante a fase inicial de um Governo.

4.1. *Articulação e trabalho conjunto*

Para melhores resultados e maximização de recursos, é imprescindível que todos os recursos humanos e materiais da máquina de comunicação governamental trabalhem conjugadamente, articulados em projetos comuns e harmonizados quanto aos valores e princípios que se deseja projetar para a opinião pública. Nesse sentido, aconselha-se o redesenho do organograma geral da comunicação governamental. O organograma deverá situar os departamentos da comunicação governamental com atuação direta na Presidência da República, seus setores e divisões, as áreas de comunicação dos Ministérios e Autarquias (harmonização de nomes e setores) e suas ligações indiretas com a Área de Comunicação da Presidência. Cremos ser necessária uma política emanada de cima para interligar as partes do todo e integrar os setores de comunicação, dando unicidade aos programas e projetos. Em comunicação, as decisões políticas deverão ser verticais para uma execução descentralizada, por subestruturas de comunicação. Nesse caso, a área de comunicação do Palácio do Planalto não deve se preocupar apenas com a rotina dos *briefings*. Deverá estender sua ação normativa sobre todas as subáreas de comunicação do Governo. A fragmentação da imagem do Governo decorre, freqüentemente, da falta de uma linha de instruções que venham de cima.

5. EMPRESA BRASILEIRA DE NOTÍCIAS E RADIOBRÁS

A comunicação governamental conta com uma complexa estrutura técnica, representada, sobretudo, pela Empresa Brasileira de Notícias e a Radiobrás. De um lado, um sistema de produção noticiosa, de outro, a rede de rádio e televisão nacional do Governo. Como se percebe, há todo um aparato para produzir e fazer fluir os atos governamentais.

A burocracia, a falta de visão empresarial, a acomodação natural dos recursos humanos que trabalham na máquina estatal são, em parte, responsáveis pela falta de agilidade das estruturas técnicas à disposição do Governo.

Tem-se a impressão de que falta coordenação em todo o conjunto da comunicação governamental. A dificuldade para se estruturar um esquema de coordenação ocorre por conta da repartição da infra-estrutura técnica em Ministérios e áreas diferentes.

Nesse sentido e com o objetivo de dar unicidade ao programa da comunicação governamental, como um todo, sugere-se a seguinte estratégia para a infra-estrutura de comunicação governamental:

— um modelo de gestão voltado para produtos.
— um redesenho funcional para a Empresa Brasileira de Notícias, com a finalidade de torná-la efetivamente uma agência noticiosa.
— um esquema operacional mais fluido entre a EBN e a Radiobrás.
— um esquema de coordenação e orientação estratégica por parte da estrutura de Comunicação da Presidência.
— estudos da viabilidade para a formação de redes regionais de radiodifusão, além da rede nacional formada por ocasião de eventos da Presidência.
— convênios operacionais com empresas privadas com o intuito de empresariar produtos do sistema de comunicação.
— gestão da Radiobrás em termos empresariais.

6. ESTRUTURAS NOS MINISTÉRIOS E AUTARQUIAS

As Assessorias de Comunicação sediadas nos Ministérios e Autarquias integram o conjunto da comunicação governamental. Nesse sentido, não podem desenvolver isoladamente uma ação política, sob pena de fragmentarem a linha de comunicação planejada. Como forma de dar unicidade aos programas, sugere-se:

— um modelo de gestão harmonizado, com subestruturas idênticas. Propõe-se uma estrutura que, fundamentalmente, aloque serviços nas áreas de Imprensa, Relações Públicas, Propaganda, Editoração (Publicações) e Serviços de Apoio (Sistema de Informações Técnicas, com Biblioteca, etc.) e Administrativos.

— integração com o esquema de comunicação da Presidência.

— integração com os esquemas operacionais da EBN e Radiobrás.

— integração com sistemas de comunicação dos Governos estaduais.

— desenvolvimento de projetos interáreas.

— reuniões periódicas das equipes da comunicação governamental para definição de normas, implementação de tarefas e avaliação de resultados.

IV PARTE

GLOSSÁRIO

ACABAR COM A DISSIDÊNCIA	Acabar com movimentos de resistência, com a oposição. Meta importante quando a dissidência ocorre no conjunto de apoios do candidato.
AGÊNCIA DE PUBLICIDADE	Estrutura e/ou empresa que faz serviços de publicidade e propaganda para clientes jurídicos e físicos. Organizada em termos de atendimento, criação, arte, produção, mídia, tráfego e controle. O candidato poderá utilizar o serviço de uma agência ou de um Estúdio de Criação, que é uma estrutura menor que a Agência.
AJUSTAMENTO DO CANDIDATO	Processo para combinar as qualidades e características do candidato com segmentos do eleitorado.
AJUSTE VIOLENTO	Processo ainda muito usado em comunidades interioranas, como solução entre facções adversárias. O candidato deve procurar evitar esse tipo de ajuste.
ALL TYPE	Anúncio constituído só de texto, sem ilustrações. Não é muito aconselhável para campanha política.
AMOSTRA	Grupos de elementos de uma população.
AMOSTRA DE CONVENIÊNCIA	É um tipo de amostra em que os entrevistados entram por conveniência: eles estão onde os estudos estão sendo feitos. Serve para despistar as pesquisas rivais.
AMOSTRA ESTRATIFICADA	Procedimento em duas etapas: na primeira, os entrevistados são divididos em subgrupos chamados estratos e, na segunda, a amostra aleatória simples é escolhida de maneira independente do subgrupo ou estrato.

AMOSTRA POR ÁREA	Quando a população é dividida em áreas, empregando-se mapas; depois seleciona-se uma amostra das áreas.
AMOSTRA PROBABILÍSTICA	Quando cada elemento da população tem chance conhecida de ser selecionado.
ANTOLHO	Alguém que está atrapalhando nas fileiras adversárias ou mesmo no Partido do candidato. Precisa ser afastado.
ANÚNCIO	Mensagem de propaganda do candidato nos veículos de comunicação de massa.
ARTE	Trabalho de artes gráficas (desenho, fotografia, *charge,* etc.) em fase de preparação ou *lay-out.* O candidato deve aprovar a arte antes de mandar prosseguir o *lay-out,* o fotolito e a impressão.
ARTE-FINAL	A arte já está pronta para ser reproduzida, fotografada. Com a aprovação do candidato, o processo continua; caso contrário, terá de ser refeita.
ATENDIMENTO	Parte da agência que cuida de atender ao candidato, acompanhando-o em suas necessidades e promovendo os contatos entre ele e a agência.
ATOMIZAÇÃO DO MERCADO	Estratégia que considera cada eleitor como se ele fosse o único.
ATRIBUTOS	Conjunto das qualidades e características do candidato. Devem formar o *briefing* para o planejamento da campanha.
AUDIÊNCIA	Receptores da mensagem dos meios de comunicação.

AUDIÊNCIA CATIVA	Receptores habituais de alguma emissora ou programa. No Interior do Brasil, o Jornal da Agência Nacional tem audiência cativa. O candidato precisa saber quais os programas que possuem esse tipo de audiência.
BAGRE ENSABOADO	Sujeito escorregadio, que não diz o que quer nem para o que veio. Infiltrado, às vezes, pela corrente adversária.
BANDEIROLA	Serão muito usadas na campanha; pequenas bandeiras, de formatos diversos com mensagens do candidato.
BARGANHA	Transação fraudulenta, processo muito usado no jogo de influências da política brasileira.
BIG CLOSE-UP	Primeiríssimo plano. Em cartazes, dependendo da fotogenia do candidato, é aconselhável.
BOI DE PIRANHA	Candidato indicado e escolhido para ser queimado e derrotado.
BOLETIM	Publicação com periodicidade, de 4 ou mais páginas, para transmissão de fatos e mensagens do candidato.
BONECO(A)	Esquema gráfico de um projeto de boletim, jornal ou revista.
BRAINSTORMING	Reunião com algumas pessoas para criação da campanha. Discussão livre e descontraída para apresentação das idéias necessárias para o desenvolvimento da campanha. Na reunião, não se pode criticar uma idéia. Ao final, escolhem-se as melhores.

BRIEFING	Conjunto de diretrizes, idéias, normas, princípios, contendo as características fundamentais, atributos e valores que deverão ser desenvolvidos na campanha. Deverá ser passado para a agência ou o estúdio de publicidade.
CABEÇALHO	Título dos jornais e revistas. Dizeres que iniciam as colunas. Procurar explorar os cabeçalhos, por meio de entrevistas de bom impacto.
CABO ELEITORAL	Prepostos dos chefes políticos ou de candidatos, que, por meio de relações pessoais e prestígio individual arregimentam, preparam e enquadram o eleitorado.
CAIXA ALTA E CAIXA BAIXA	Letra maiúscula ou versal; letra minúscula. Importante para definição do modo a ser usado nos cartazes e em outros materiais da campanha.
CANAIS DE COMUNICAÇÃO	O conjunto de canais a serem usados na campanha, abrangendo desde os canais de comunicação de massa (jornal, rádio, TV, cinema), como os folhetos, cartazes, *outdoors* etc.
CANAL DE DISTRIBUIÇÃO	Caminho seguido pelo candidato para ficar disponível ao eleitor. Os canais de distribuição incluem: comícios, reuniões em clubes, esquinas de ruas, contatos etc.
CANIBALIZAÇÃO	Quando uma mensagem nova do candidato é superposta a outras já existentes, tirando a força dos anteriores. É preciso ter cuidado com mensagens múltiplas.

CAPANGA	Espécie de valentão a serviço de grupos políticos ou de chefões políticos do Interior. Exerce barganha por coerção.
CARISMA	Poder expressivo, que alguns políticos possuem; qualidades especiais de liderança. Quando o candidato é carismático, as coisas se tornam mais fáceis.
CARONA	Anúncio do candidato inserido num outro, mais abrangente. Por exemplo: o anúncio do deputado estadual ou do vereador no contexto da mensagem do deputado federal.
CARTA BRANCA	Autorização para alguém agir de forma que julgar conveniente; é preciso ter cuidado com os assessores-carta branca, cabos eleitorais-carta branca; agências de publicidade-carta branca. A carta branca deve ser dada a alguém em que se confie em absoluto.
CARTAZ	Anúncio de grande formato, para ser afixado, *outdoor*. Dependendo da região ou da cidade, uma campanha de *outdoors*, oferece muito impacto. Há, sem dúvida, alguma ostentação. Questão a ser examinada pela assessoria do candidato.
CARTAZETE	Cartaz de proporções pequenas para uso em alguns pontos de venda do candidato.
CENTIMETRAGEM	Área ocupada por um anúncio em jornal ou revista. É medida por centímetros por meio de multiplicação da altura pelo número de colunas ocupadas pela largura. Antes de mandar publicar anúncio, é aconselhável verificar os preços.

CICLO DE VIDA DO CANDIDATO	Os estágios por que deve passar o candidato: o lançamento, o crescimento da campanha, a maturidade e o declínio de imagem.
CIRCULAÇÃO	Conjunto total dos exemplares distribuídos de um jornal ou revista. Importante para o planejamento de mídia da campanha.
CLIPPING	Serviço de recortes sobre determinado tema. É interessante recortar tudo que se publique sobre o candidato ou o adversário.
COBERTURA	Apuração dos acontecimentos no local em que ocorrem, para posterior transformação em notícia ou reportagem. Os candidatos ou políticos devem realizar boa *performance* se estiverem nesses acontecimentos.
COLAGEM	Processo de afixação dos materiais de campanha. É bom ter cuidado com o tipo de cola e com o processo de colagem para se evitar desgaste dos materiais antes do tempo.
COLETIVA	Entrevista coletiva para grupos de jornalistas.
COMERCIAL	Anúncios com mensagens publicitárias, em TV ou rádio, apresentados em intervalos da programação. Selecionar muito bem a mídia e o tipo de programação para inserção do comercial.
COMPOSTO DE COMUNICAÇÃO	Integração dos canais de comunicação para sinergização e aumento da eficácia da campanha.
COMPOSTO DE MARKETING	Combinação das atividades e programas do candidato. Objetivo: utilizar todos os recursos e integrar a campanha.

COMPRA DE VOTO	Processo ainda muito usado para atrair eleitores. Compra em espécie ou com presentes. É muito conhecido no folclore político o chamado "caminhão de botas". Antes da eleição, o eleitor recebe uma bota. Depois, dependendo do resultado, a outra.
COMUNICAÇÃO DIRIGIDA	Mensagens para públicos específicos.
CONCEITO	Conjunto de temas e atributos para o planejamento da imagem do candidato. Deverão conter os "benefícios" e os "apelos" para o eleitorado.
CONCEITO ESPECÍFICO	Enfatizar determinado tema ou atributo e usá-lo em determinadas circunstâncias.
CONCEITO DIFUSO	Deve ser evitado. O candidato, se não possuir um fio condutor de imagem, poderá aparecer com muitas caras para o eleitor.
CONSULTOR DE COMUNICAÇÃO E MARKETING	Especialista que estrutura uma campanha em termos estratégicos e operacionais.
COPIDESQUE	Processo de limpeza do texto, do discurso ou das falas do candidato, quando, evidentemente, tratar-se de mensagens escritas.
CORINGA	Candidato de algibeira, que pode ser deslocado de uma posição para outra.
CORONEL	Chefe político, em geral do Interior, responsável por toda uma estrutura de mandonismo local na vida política. Consultar Maria Isaura Pereira de Queiroz, *O mandonismo local na vida política brasileira* (Alfa-Ômega) e Vitor Nunes Leal, *Coronelismo, Enxada e Voto* (Alfa-Ômega), 1975).

CRIAÇÃO	Idealização das mensagens da campanha e das propostas de texto, cores, *slogans*. O processo de criação parte do *briefing* dado pelo candidato.
CUPINCHA	Comparsa, "pau mandado", amigo de panela, muito importante no processo do *marketing* político do Interior.
CURRÉ	Corruptela de correligionário.
DAR PROTEÇÃO	Proteger um afilhado político ou dar cobertura a um eleitor ameaçado. Freqüentemente, os "coronéis" do Interior são solicitados a dar proteção.
DEADLINE	Prazo final para entrega de material e fechamento de programas.
DELEGADO	Alguém autorizado pelo Partido ou pelo político para representá-lo. Mas, no Interior, é preciso também atentar para outro tipo de delegado, o de Polícia, que exerce pressão política. Ele tem nas mãos o poder coercivo.
DELINEAMENTO DE MERCADO	Determinação dos eleitores potenciais e suas características.
DESMARCAR	Romper compromissos políticos.
DIREITO DE RESPOSTA	Direito assegurado por lei a quem se sentir ofendido por meio de comunicação.
EDIÇÃO	Reunião de textos e discursos do candidato para produção de folhetos. Unidade na linguagem e na proposta dos textos.
ELEITOR DE CABRESTO	Eleitor que vota firme no candidato. Eleitor certo.

EMBALAGEM	A capa que envolve o produto. Elemento fundamental na campanha. A embalagem do candidato é o conjunto de materiais que cercam seu conceito e seus atributos.
ENQUÊTE	Tipo de pesquisa para se verificar diferenças de opinião em determinados segmentos de eleitores.
ENTRAR NO BOM CAMINHO	O eleitor em dúvida ou o que não cumpriu compromissos recebe convite para "entrar no bom caminho". Endireitar-se, aderir ao candidato.
ERRO DE AMOSTRAGEM	Diferença entre o valor da amostra e o de interesse da população. Aconselha-se conferir pesquisa.
ESTAR BEM COM O GOVERNO	Significa, freqüentemente, apoio da máquina administrativa. Tal fato ajuda na campanha.
ESTAR POR CIMA	Estar na situação. Quando o candidato está por cima, tem apoio da máquina e tudo fica mais fácil.
ESTRATÉGIA DE ATRAÇÃO	Para criar demanda pelo candidato por meio de propaganda. Depois, passará a ser aceito pelo eleitor.
ESTRATÉGIA DE IMPULSÃO	Quando se usa a venda pessoal, direta. O candidato lança-se ao campo e incentiva seus eleitores.
FEEDBACK	Comunicação de retorno. Situação informacional que chega ao candidato proveniente de sua ação. Sempre que possível, deve-se obter *feedback*.
FIDELIDADE	Marca registrada do eleitor de cabresto. Objetivo que o candidato deve perseguir dos grupos que o apóiam.

FILIPETA	Espécie de panfleto pequeno, promocional, barato.
FLUXO DE AUDIÊNCIA	Movimentação dos índices de audiência na mídia.
FOTOGENIA	Qualidades expressivas em apresentação nos meios de comunicação. O candidato fotogênico, que se apresenta de maneira agradável, glamorizada, chama a atenção e atrai a visão. Muito importante fazer testes de fotografia, antes da escolha das fotos da campanha.
"GENTE DO CORONEL POSSIDÔNIO"	Ao se perguntar "quem é você?" e receber essa resposta, é porque o coronel Possidônio é o mandão do lugar e, portanto, abre portas. E a fórmula "gente" indica indivíduo de nível inferior, a clientela do coronel.
GRANDE ELEITOR	Um bom cabo eleitoral, um subchefe político são grandes eleitores, porque dominam e influenciam o eleitorado.
GRP (GROSS RATING POINTS)	Unidade usada para cálculo de audiência. Cada GRP equivale a 1% da audiência. Se o candidato quer saber como anda a audiência, deve preliminarmente, saber os índices de audiência dos programas onde estão inseridos seus anúncios, e somar as porcentagens de audiência. Depois, transformar os pontos em números absolutos.
GRUPO DE PRESSÃO	Segmentos organizados da sociedade que agem politicamente em favor de seus interesses. Têm muita penetração na opinião pública.

GRUPO DE REFERÊNCIA	Grupo de pessoas que influenciam as atitudes ou comportamentos de um eleitor. Identificar tais grupos e trabalhar sobre eles.
IDENTIDADE VISUAL	Conjunto de elementos que formam a personalidade visual do candidato. Um programa de identidade visual conjuga três importantes setores: as comunicações, os produtos e serviços e o meio ambiente.
IMAGEM	Percepção do candidato pelo eleitor. Enquanto a identidade refere-se ao plano real, a imagem conota uma representação da identidade. A imagem é a figuração mental do candidato. É preciso tomar cuidado para que a identidade e a imagem não entrem em conflito.
LANÇAMENTO	Fase de introdução da campanha. Deve ser cuidadosamente planejada.
LAY-OUT	Desenho ou diagrama com os vários elementos do anúncio ou do cartaz.
LOBBYING	Atividade de influenciação e pressão política feita junto ao Executivo e ao Legislativo. No jogo de compromissos, há candidatos que fazem *lobbying* de grupos econômicos.
LOGOTIPO	Parte integrante da marca, sob a forma de um símbolo, desenho ou letras e cores.
MALA DIRETA	Cartas, circulares, livretos, discursos do candidato, enviados pelo correio.

MANTER O ELEITORADO EM FORMA	Organizar o eleitorado, deixá-lo apto a votar; acabar com as dissidências, aprontar os eleitores, com os títulos eleitorais, para o dia da eleição.
MAQUIAGEM	Aplicação de cosméticos para maior efeito visual. Usado tanto na televisão como para fotografias. Importante.
MARCA	Símbolo, desenho, palavra ou a combinação desses elementos, com a finalidade de identificar os atributos de um candidato.
MARKETING	Conjunto das atividades planejadas para "trabalhar" o candidato enquanto produto. Entre elas, destacam-se a pesquisa do mercado eleitoral, o planejamento do conceito do candidato, a determinação das estratégias, o planejamento de mídia, o esquema promocional e a organização geral da campanha.
MARKETING CONCENTRADO	Estratégia de segmentação de mercado, orientada para determinado grupo de eleitores.
MARKETING DIFERENCIADO	Estratégia para se trabalhar determinados grupos de eleitores com programas diferenciados.
MARKETING NÃO DIFERENCIADO	Estratégia para se atacar o eleitorado de maneira massiva, globalizada. Quando o candidato projeta sua mensagem a todos os eleitores indistintamente.
MATÉRIA RECOMENDADA	Textos de interesse do candidato e "cavados" junto à direção do jornal ou "plantados" na pauta da reportagem.

MATRIZ	Igreja matriz, onde os candidatos do Interior geralmente tomam assento nas missas dominicais, como parte de sua estratégia de atração. Há, é claro, os candidatos profundamente religiosos e outros que vêem a Matriz apenas como elemento tático.
MEMÓRIA	Capacidade de muitos políticos em guardar nomes e informações a respeito de seus eleitores. A *mnemônica* está definitivamente integrada ao *marketing* político.
MENSAGEM	O conteúdo dos discursos, os elementos significativos das falas.
MERCHANDISING	Veiculação e aparecimento de mensagens do candidato, de forma não ostensiva, em programas e situações organizadas pelos meios de comunicação.
MICROFONE	Saber usar o microfone nos palanques ou nas mesas de autoridades, para evitar ruídos e microfonia.
MÍDIA	Conjunto dos canais usados na campanha, envolvendo os meios de comunicação de massa e os promocionais. Há uma mídia básica, composta por alguns veículos, e uma mídia de apoio, complementar.
MÍDIA DE MASSA	Canais para disseminação de mensagens para grandes audiências.
NOBRE	Planejar mensagens em horários nobres do rádio e TV.
NOTICIÁRIO	Procurar aparecer no meio das notícias locais, em entrevistas e declarações de peso e significativas.

OBJETIVA	Cuidado para não ser flagrado em posições e situações inadequadas pela teleobjetiva dos fotógrafos. Diz-se que o velho senador Barry Goldwater, falcão americano, de direita, foi flagrado com um dedo atravessando a armação de óculos falsos para limpar o olho. Foi flagrado e apresentado como "o grande mentiroso".
OBJETIVIDADE	Apresentar questões centrais, importantes, nas falas de TV e nas entrevistas dos jornais e revistas.
OBSOLESCÊNCIA PLANEJADA	Estratégia para forçar algumas mensagens a entrarem em desatualização, colocando-se outras em seu lugar.
OPÚSCULO	Livreto com discursos. Bom material promocional.
ORIGINALIDADE	Procurar explorar ângulos originais sobre questões regionais e locais para se evitar a repetição.
OUTDOOR	Cartazes ao ar livre.
P & B	Abreviatura de Preto e Branco. Cartaz em P & B.
PAPER	Texto curto, objetivo, com informações situacionais, de muita importância e utilidade para o candidato, principalmente antes de suas apresentações públicas. Preparado pelos assessores.
PARA OS AMIGOS TUDO, PARA OS INIMIGOS, O RIGOR DA LEI	Princípio muito conhecido pelos políticos brasileiros, desde os tempos da República Velha.
PATROCINADOR	Alguém que pode custear algumas programações dos candidatos.

PAU MANDADO	Pau para toda obra; eleitor certo; capanga, cupincha.
PERFIL	Descrição do candidato com seus atributos.
PESQUISA	Processo de investigação da imagem e aceitação do candidato.
PICARETA	É preciso livrar-se dos "picaretas" e aproveitadores que aparecem nas campanhas.
PICHAÇÃO	As inscrições nas vias públicas precisam ser bem planejadas para não parecerem agressões ou poluição visual das cidades.
PLANTAR NOTÍCIAS	Forjar situações em órgãos de imprensa.
PONTO DE VENDA	Áreas e locais que podem servir de mostruário do candidato.
PORTA-VOZ	Encarregado das informações ou do programa de divulgação do candidato.
POSTER	Cartaz.
PRESENÇA	Marcar presença nos acontecimentos significativos que ocorrem nos anos políticos.
PRESS-RELEASE	Texto com informações curtas para ser distribuído aos meios de comunicação. Geralmente, contendo entrevistas e fatos ligados ao candidato.
PROGRAMAÇÃO VISUAL	V. Identidade Visual.
PROMOÇÃO	Parte das atividades do composto de *marketing*.

PROPAGANDA	Conjunto das atividades e mensagens com cunho eminentemente persuasivo. Propaganda política é uma de suas modalidades. Objetivo da propaganda política: a conquista e a conservação do poder. Integra, igualmente, o composto de *marketing*.
PÚBLICO-ALVO	Segmento de eleitores que se pretende atingir e sensibilizar.
QUIABAR	Escorregar, disfarçar. Fulano está quiabando, não há certeza de que ele vote no candidato.
RÁDIO	O maior canal de comunicação do Interior do Brasil. O mais perfeito instrumento de mídia no Interior para uso político.
RETOQUE	Correção das imperfeições das cópias de fotografia. Muito importante para fotos de primeiro plano do candidato.
REIVINDICAÇÃO	O candidato deve saber ouvir as reivindicações e procurar implementá-las.
SEÇÃO	Setor do jornal ou da revista que agrupa assuntos do mesmo gênero.
SEGMENTAÇÃO DE MERCADO	Estratégia para dividir os eleitores em grupos, formando certa homogeneidade entre eles, permitindo se formar programas para cada segmento.
SUBLIMINAR	Diz-se da propaganda que se utiliza de técnicas para passagem de mensagens sutis. Não são percebidas conscientemente pelo público.

TABLÓIDE	Formato de jornal equivalente à metade de um jornal-padrão. 28 cm de largura por 39 cm de altura. Pode ser um veículo de sustentação de imagem na campanha.
TEASER	Anúncio de atenção, para provocar curiosidade. Cria expectativas e prepara o ambiente para outros anúncios.
TELENOVELA	Ter cuidado para evitar programação política em pequenas cidades do Interior durante o horário das telenovelas.
TEMA	Idéia básica da campanha.
TIRAGEM-TOTAL	Total de exemplares das publicações.
TRATAMENTO	Adequação da linguagem ao canal de comunicação.
TRILHA SONORA	As músicas para acompanhamento das mensagens devem ser arranjadas por conjuntos profissionais.
VAZAMENTO	Informações secretas que escapam dos locais e fontes que as guardavam. Muito cuidado com os vazamentos.
VIRA-FOLHA/ TROCA-CASACA/ TAPIOCA	Político que muda de posição, muda de Partido, muda de apoio. Geralmente, palavras ditas em tom de escárnio.
VOLANTE	Folha simples, sem dobras, impressa em um ou dois lados, distribuição em massa.
VOTO DE CABRESTO	Não se trata de um voto por imposição do coronel, como pode-se supor. Mas um voto que significa uma troca, de maneira que redunde em benefícios para o eleitor. Só em um ou outro caso, o voto de cabresto é dado por ameaça ou por medo de vingança.

BIBLIOGRAFIA

Campbell, A., *The American Voter*. Nova York, Wiley, 1960.

Dahl, Robert A., *A moderna análise política*. Rio de Janeiro, Lidador, 1966.

Deutsch, Karl, *Política e Governo*. Brasília — DF, Editora Universidade de Brasília, 1979.

Fagen, Richard R., *Política e Comunicação*. Rio de Janeiro, Zahar Editores.

Ianni, Octávio, *O colapso do populismo no Brasil*. 3.ª ed., Rio de Janeiro, Civilização Brasileira.

Kotler, Philip, *Marketing para Organizações que não Visam o Lucro*. São Paulo, Atlas, 1984.

Kotler, Philip, *Administração de Marketing*. (Análise, planejamento e controle), 3.ª ed., São Paulo, Atlas, 1979.

Lane, Robert E. e Sears, David O., *A opinião pública*. Rio de Janeiro, Zahar Editores, 1966.

Lane, Robert, *Political Life*. The Free Press, 1959.

Lasswell, Harold, *A Linguagem da Política*. Brasília — DF, Editora Universidade de Brasília, 1979.

Lasswell, Harold, *Politics: who gets, what, when, how*. Nova York, McGraw-Hill.

Leal, Vitor Nunes, *Coronelismo, Enxada e Voto*. São Paulo, Ed. Alfa-Ômega, 1975.

Leduc, Robert, *Propaganda. Uma força a serviço da empresa*. São Paulo, Atlas, 1980.

Lipset, S. M., *Political Man*. Nova York, Doubleday, 1960.

Maquiavel, Nicolau, *O Príncipe*. Brasília — DF, Editora Universidade de Brasília, 1980.

Maquiavel, Nicolau, *A Arte da Guerra. A vida de Castruccio Castracani. Belfagor, o Arquidiabo*. Brasília — DF, Editora Universidade de Brasília, 1980.

Melo, José Marques de, *Comunicação: Teoria e Política*. São Paulo, Summus Editorial, 1985.

Meynaud, Jean, *Os grupos de pressão*. Lisboa, Europa-América.

Pye, Lucian W., *Comunicações e desenvolvimento político*. Rio de Janeiro, Zahar Editores, 1967.

Queiroz, Maria Isaura Pereira de, *O mandonismo local na vida política brasileira*. São Paulo, Ed. Alfa-Ômega, 1976.

Schewe, Charles D. e Smith, Reuben M., *Marketing, Conceitos, Casos e Aplicações*. São Paulo, McGraw-Hill.

Tuck, Mary, *Como escolhemos. Psicologia do Consumidor*. Rio de Janeiro, Zahar Editores, 1978.

O AUTOR

Gaudêncio Torquato é Professor-Adjunto da Universidade de São Paulo e Consultor de *Marketing* Institucional e de Comunicação. Nos últimos 10 anos, desempenhou atividades em comunicação empresarial e institucional, tendo implantado e dirigido áreas de comunicação para grupos privados, orientado e supervisionado projetos nos setores de Relações Públicas, Imprensa, Jornais e Revistas de Empresa, *Marketing* Cultural e Identidade Corporativa. Na área acadêmica, defendeu Tese de Doutoramento sobre Comunicação e Jornalismo Empresarial e Tese de Livre-Docência sobre Modelos Integrados de Comunicação para Organizações. Recentemente, tem-se dedicado à consultoria de comunicação institucional, governamental e de *marketing* político, ao lado das atividades de magistério na Universidade de São Paulo e na Faculdade de Comunicação Social Cásper Líbero. Autor de diversos trabalhos e dos livros *Jornalismo Empresarial — Teoria e Prática* e *Comunicação Empresarial/Comunicação Institucional*, editados pela Summus Editorial.

NOVAS BUSCAS EM COMUNICAÇÃO
VOLUMES PUBLICADOS

1. *Comunicação: teoria e política* — José Marques de Melo.
2. *Releasemania — uma contribuição para o estudo do press-release no Brasil* — Gerson Moreira Lima.
3. *A informação no rádio — os grupos de poder e a determinação dos conteúdos* — Gisela Swetlana Ortriwano.
4. *Política e imaginário nos meios de comunicação para massas no Brasil* — Ciro Marcondes Filho (organizador).
5. *Marketing político e governamental — um roteiro para campanhas políticas e estratégias de comunicação* — Francisco Gaudêncio Torquato do Rego.
6. *Muito além do Jardim Botânico — um estudo sobre a audiência do Jornal Nacional da Globo entre trabalhadores* — Carlos Eduardo Lins da Silva.
7. *Diagramação — o planejamento visual gráfico na comunicação impressa* — Rafael Souza Silva.
8. *Mídia: o segundo Deus* — Tony Schwartz.
9. *Relações públicas no modo de produção capitalista* — Cicilia Krohling Peruzzo.
10. *Comunicação de massa sem massa* — Sérgio Caparelli.
11. *Comunicação empresarial/comunicação institucional — Conceitos, estratégias, planejamento e técnicas* — Francisco Gaudêncio Torquato do Rego.
12. *O processo de relações públicas* — Hebe Wey.
13. *Subsídios para uma Teoria da Comunicação de Massa* — Luiz Beltrão e Newton de Oliveira Quirino.
14. *Técnica de reportagem — notas sobre a narrativa jornalística* — Muniz Sodré e Maria Helena Ferrari.
15. *O papel do jornal — uma releitura* — Alberto Dines.
16. *Novas tecnologias de comunicação — impactos políticos, culturais e socioeconômicos* — Anamaria Fadul (organizadora).
17. *Planejamento de relações públicas na comunicação integrada* — Margarida Maria Krohling Kunsch.
18. *Propaganda para quem paga a conta — do outro lado do muro, o anunciante* — Plinio Cabral.
19. *Do jornalismo político à indústria cultural* — Gisela Taschner Goldenstein.
20. *Projeto gráfico — teoria e prática da diagramação* — Antonio Celso Collaro.
21. *A retórica das multinacionais — a legitimação das organizações pela palavra* — Tereza Lúcia Halliday.
22. *Jornalismo empresarial* — Francisco Gaudêncio Torquato do Rego.
23. *O jornalismo na nova república* — Cremilda Medina (organizadora).
24. *Notícia: um produto à venda — jornalismo na sociedade urbana e industrial* — Cremilda Medina.
25. *Estratégias eleitorais — marketing político* — Carlos Augusto Manhanelli.
26. *Imprensa e liberdade — os princípios constitucionais e a nova legislação* — Freitas Nobre.
27. *Atos retóricos — mensagens estratégicas de políticos e igrejas* — Tereza Lúcia Halliday (organizadora).

28. *As telenovelas da Globo — produção e exportação* — José Marques de Melo.
29. *Atrás das câmeras — relações entre cultura, Estado e televisão* — Laurindo Lalo Leal Filho.
30. *Uma nova ordem audiovisual — novas tecnologias de comunicação* — Cândido José Mendes de Almeida.
31. *Estrutura da informação radiofônica* — Emilio Prado.
32. *Jornal-laboratório — do exercício escolar ao compromisso com o público leitor* — Dirceu Fernandes Lopes.
33. *A imagem nas mãos — o vídeo popular no Brasil* — Luiz Fernando Santoro.
34. *Espanha: sociedade e comunicação de massa* — José Marques de Melo.
35. *Propaganda institucional — usos e funções da propaganda em relações públicas* — J. B. Pinho.
36. *On camera — o curso de produção de filme e vídeo da BBC* — Harris Watts.
37. *Mais do que palavras — uma introdução à teoria da comunicação* — Richard Dimbleby e Graeme Burton.
38. *A aventura da reportagem* — Gilberto Dimenstein e Ricardo Kotscho.
39. *O adiantado da hora — a influência americana sobre o jornalismo brasileiro* — Carlos Eduardo Lins da Silva.
40. *Consumidor versus propaganda* — Gino Giacomini Filho.
41. *Complexo de Clark Kent — são super-homens os jornalistas?* — Geraldinho Vieira.
42. *Propaganda subliminar multimídia* — Flávio Calazans.
43. *O mundo dos jornalistas* — Isabel Siqueira Travancas.
44. *Pragmática do jornalismo — buscas práticas para uma teoria da ação jornalística* — Manuel Carlos Chaparro.
45. *A bola no ar — o rádio esportivo em São Paulo* — Edileuza Soares.
46. *Relações públicas: função política* — Roberto Porto Simões.
47. *Espreme que sai sangue — um estudo do sensacionalismo na imprensa* — Danilo Angrimani.
48. *O século dourado — a comunicação eletrônica nos EUA* — S. Squirra.
49. *Comunicação dirigida escrita na empresa — teoria e prática* — Cleuza G. Gimenes Cesca.
50. *Informação eletrônica e novas tecnologias* — María-José Recoder, Ernest Abadal, Lluís Codina e Etevaldo Siqueira.
51. *É pagar para ver — a TV por assinatura em foco* — Luiz Guilherme Duarte.
52. *O estilo magazine — o texto em revista* — Sergio Vilas Boas.
53. *O poder das marcas* — J. B. Pinho.
54. *Jornalismo, ética e liberdade* — Francisco José Karam.
55. *A melhor TV do mundo — o modelo britânico de televisão* — Laurindo Lalo Leal Filho.
56. *Relações públicas e modernidade — novos paradigmas em comunicação organizacional* — Margarida Maria Krohling Kunsch.
57. *Radiojornalismo* — Paul Chantler e Sim Harris.
58. *Jornalismo diante das câmeras* — Ivor Yorke.
59. *A rede — como nossas vidas serão transformadas pelos novos meios de comunicação* — Juan Luis Cebrián.
60. *Transmarketing — estratégias avançadas de relações públicas no campo do marketing* — Waldir Gutierrez Fortes.
61. *Publicidade e vendas na Internet — técnicas e estratégias* — J. B. Pinho.
62. *Produção de rádio — um guia abrangente da produção radiofônica* — Robert McLeish.
63. *Manual do telespectador insatisfeito* — Wagner Bezerra.
64. *Relações públicas e micropolítica* — Roberto Porto Simões.
65. *Desafios contemporâneos em comunicação — perspectivas de relações públicas* — Ricardo Ferreira Freitas, Luciane Lucas (organizadores).
66. *Vivendo com a telenovela — mediações, recepção, teleficcionalidade* — Maria Immacolata Vassallo de Lopes, Silvia Helena Simões Borelli e Vera da Rocha Resende.
67. *Biografias e biógrafos — jornalismo sobre personagens* — Sergio Vilas Boas.
68. *Relações públicas na internet — Técnicas e estratégias para informar e influenciar públicos de interesse* — J. B. Pinho.
69. *Perfis — e como escrevê-los* — Sergio Vilas Boas.
70. *O jornalismo na era da publicidade* — Leandro Marshall.
71. *Jornalismo na internet* – J. B. Pinho.

------------ dobre aqui ------------

CARTA-RESPOSTA
NÃO É NECESSÁRIO SELAR

O SELO SERÁ PAGO POR

C AVENIDA DUQUE DE CAXIAS
1214-999 São Paulo/SP

------------ dobre aqui ------------

MARKETING POLÍTICO E GOVERNAMENTAL

summus editorial
CADASTRO PARA MALA-DIRETA

Recorte ou reproduza esta ficha de cadastro, envie completamente preenchida por correio ou fax, e receba informações atualizadas sobre nossos livros.

Nome: _____ Empresa: _____
Endereço: ☐ Res. ☐ Coml. _____ Bairro: _____
CEP: _____ - _____ Cidade: _____ Estado: _____ Tel.: ( ) _____
Fax: ( ) _____ E-mail: _____
Profissão: _____ Professor? ☐ Sim ☐ Não Disciplina: _____ Data de nascimento: _____

1. Você compra livros:
☐ Livrarias ☐ Feiras
☐ Telefone   ☐ Correios
☐ Internet   ☐ Outros. Especificar: _____

2. Onde você comprou este livro? _____

3. Você busca informações para adquirir livros:
☐ Jornais   ☐ Amigos
☐ Revistas   ☐ Internet
☐ Professores ☐ Outros. Especificar: _____

4. Áreas de interesse:
☐ Educação   ☐ Administração, RH
☐ Psicologia   ☐ Comunicação
☐ Corpo, Movimento, Saúde   ☐ Literatura, Poesia, Ensaios
☐ Comportamento   ☐ Viagens, *Hobby*, Lazer
☐ PNL (Programação Neurolingüística)

5. Nestas áreas, alguma sugestão para novos títulos? _____

6. Gostaria de receber o catálogo da editora? ☐ Sim ☐ Não
7. Gostaria de receber o Informativo Summus? ☐ Sim ☐ Não

Indique um amigo que gostaria de receber a nossa mala-direta

Nome: _____ Empresa: _____
Endereço: ☐ Res. ☐ Coml. _____ Bairro: _____
CEP: _____ - _____ Cidade: _____ Estado: _____ Tel.: ( ) _____
Fax: ( ) _____ E-mail: _____
Profissão: _____ Professor? ☐ Sim ☐ Não Disciplina: _____ Data de nascimento: _____

summus editorial
Rua Itapicuru, 613 – 7º andar   05006-000   São Paulo - SP   Brasil   Tel.: (11) 3872 3322   Fax: (11) 3872 7476
Internet: http://www.summus.com.br   e-mail: summus@summus.com.br